[Planejamento, Programação e Controle da Produção]

O selo DIALÓGICA da Editora InterSaberes faz referência às publicações que privilegiam uma linguagem na qual o autor dialoga com o leitor por meio de recursos textuais e visuais, o que torna o conteúdo muito mais dinâmico. São livros que criam um ambiente de interação com o leitor – seu universo cultural, social e de elaboração de conhecimentos –, possibilitando um real processo de interlocução para que a comunicação se efetive.

[Planejamento, Programação e
Controle da Produção]

ADRIANA DE PAULA LACERDA SANTOS

Rua Clara Vendramin, 58 . Mossunguê
CEP 81200-170 . Curitiba . PR . Brasil
Fone: (41) 2106-4170
www.intersaberes.com
editora@editoraintersaberes.com.br

Conselho editorial

[Dr. Ivo José Both (presidente)

Drª Elena Godoy

Dr. Neri dos Santos

Dr. Nelson Luís Dias

Dr. Ulf Gregor Baranow]

Editor-chefe [Lindsay Azambuja]

Editor-assistente [Ariadne Nunes Wenger]

Capa [Sílvio Gabriel Spannenberg]

Projeto gráfico [Raphael Bernadelli]

Diagramação [Capitular Design Editorial]

Preparação de originais [Maria Thereza Moss de Abreu]

Iconografia [Vanessa Plugiti]

Dados Internacionais de Catalogação na Publicação (CIP)
(Câmara Brasileira do Livro, SP, Brasil)

Santos, Adriana de Paula Lacerda
　　Planejamento, programação e controle da produção/ Adriana de Paula Lacerda Santos. Curitiba: InterSaberes, 2015. (Série Administração da Produção).

　　　Bibliografia.
　　　ISBN 978-85-443-0281-1

　　　1. Administração da produção 2. Administração de empresas 3. Controle de produção 4. Engenharia de produção 5. Estratégia organizacional 6. Produção – Planejamento I. Título. II. Série.

15-08445　　　　　　　　　　　　　　　　CDD-658.5

　　Índice para o catálogo sistemático:
　　1. Planejamento, programação e controle da produção:
　　Engenharia de produção: Administração de empresas
　　658.5

1ª edição, 2015.

Foi feito o depósito legal.

Informamos que é de inteira responsabilidade da autora a emissão de conceitos.

Nenhuma parte desta publicação poderá ser reproduzida por qualquer meio ou forma sem a prévia autorização da Editora InterSaberes.

A violação dos direitos autorais é crime estabelecido na Lei n. 9.610/1998 e punido pelo art. 184 do Código Penal.

[sumário]

apresentação [7]

como aproveitar ao máximo este livro [8]

1 Introdução ao Planejamento, Programação e Controle da Produção (PPCP) [11]

1.1 A natureza do PPCP [15]

1.2 A importância do PPCP [16]

1.3 Os sistemas de produção [19]

2 A previsão de demanda [25]

2.1 Previsão baseada em médias [30]

2.2 Previsão baseada em regressão linear [33]

2.3 Previsão baseada no método Delphi [37]

3 Sistema de produção em massa [41]

3.1 Capacidade do sistema produtivo [46]

3.2 Planejamento estratégico no sistema de produção em massa [49]

3.3 Planejamento tático no sistema de produção em massa [51]

3.4 Planejamento mestre no sistema de produção em massa [56]

3.5 Programação da produção no sistema de produção em massa [61]

3.6 Sequenciamento da produção [69]

3.7 A gestão de estoques no sistema de produção em massa [71]

3.8 A gestão de compras na filosofia JIC [74]

4 Sistema de produção em lotes [79]

- 4.1 A visão de processo no sistema de produção em lotes [83]
- 4.2 Capacidade do sistema produtivo [85]
- 4.3 Planejamento estratégico no sistema de produção em lotes [87]
- 4.4 Planejamento tático no sistema de produção em lotes [89]
- 4.5 Planejamento mestre no sistema de produção em lotes [93]
- 4.6 Programação da produção no sistema JIT [95]
- 4.7 A gestão de estoques no sistema de produção em lotes [101]
- 4.8 A função de compras de materiais no sistema de produção em lotes [103]

5 Sistema de produção por projetos [107]

- 5.1 Planejamento estratégico no sistema de produção por projetos [113]
- 5.2 Planejamento tático no sistema de produção por projetos [125]
- 5.3 Programação da produção no sistema de produção por projetos [130]
- 5.4 A função de compras de materiais no sistema de produção por projetos [137]

6 Acompanhamento e controle da produção [141]

- 6.1 Fluxograma [146]
- 6.2 Diagrama Ishikawa [147]
- 6.3 Folhas de verificação [148]
- 6.4 Histograma [149]
- 6.5 Diagrama de Pareto [150]
- 6.6 A curva ABC [151]
- 6.7 Diagrama de dispersão [153]
- 6.8 Cartas de controle [154]
- 6.9 Gráfico de Gantt [155]
- 6.10 A curva S [156]

para concluir... [160]
referências [163]
respostas [169]
anexo [178]
sobre a autora [179]

[apresentação]

As organizações que produzem bens ou serviços, de forma geral, trabalham incessantemente para reduzir os custos e os desperdícios que fazem parte de todo processo produtivo, buscando permanecer competitivas no mercado. Isso ocorre porque os clientes estão cada vez mais exigentes e buscam produtos inovadores e principalmente porque a variação dos cenários econômico, político e social é uma constante para essas organizações.

Nesse contexto, é fundamental que a empresa estruture as ações de Planejamento, Programação e Controle da Produção (PPCP) a fim de eliminar os desperdícios e aumentar os ganhos do sistema produtivo. Para tanto, é necessário, muitas vezes, mudar radicalmente a estratégia de produção e avaliar constantemente o desempenho da produção.

A principal função do PPCP é realizar as previsões de consumo, o planejamento e o controle da produção, visando garantir o fluxo de materiais para atender às demandas de mercado, bem como otimizar o uso dos equipamentos e da mão de obra.

Isso não é uma tarefa fácil! Para tanto, é necessário conhecer algumas ferramentas da engenharia de produção e da administração que podem auxiliar de forma significativa as ações de PPCP na organização.

Este livro propiciará a você o aprendizado de diferentes ferramentas que são largamente utilizadas no processo de PPCP das organizações, focando seu aprendizado nas características dos diferentes sistemas de produção atualmente utilizados no mercado.

Para tanto, no Capítulo 1 você entenderá a natureza e a importância do PPCP dentro das organizações e também conhecerá os principais sistemas de produção. O Capítulo 2 apresentará diferentes métodos para realizar a previsão de demanda de produção. As características do planejamento da produção de acordo com os níveis de longo, médio e curto prazos do sistema de produção em massa, do sistema de produção em lotes e do sistema de produção por projetos serão apresentadas nos capítulos 3, 4 e 5, respectivamente. Por fim, o Capítulo 6 apresentará diferentes ferramentas que podem ser usadas durante o processo de acompanhamento e controle da produção.

Com esses conteúdos, você terá a oportunidade de conhecer e apreender diferentes ferramentas que são largamente utilizadas no processo de PPCP das organizações, com enfoque para o aprendizado das características de diferentes sistemas de produção atualmente utilizados no mercado.

Desejamos a você uma excelente leitura!

[como aproveitar ao máximo este livro]

Este livro traz alguns recursos que visam enriquecer o seu aprendizado, facilitar a compreensão dos conteúdos e tornar a leitura mais dinâmica. São ferramentas projetadas de acordo com a natureza dos temas que vamos examinar. Veja a seguir como esses recursos se encontram distribuídos no decorrer desta obra.

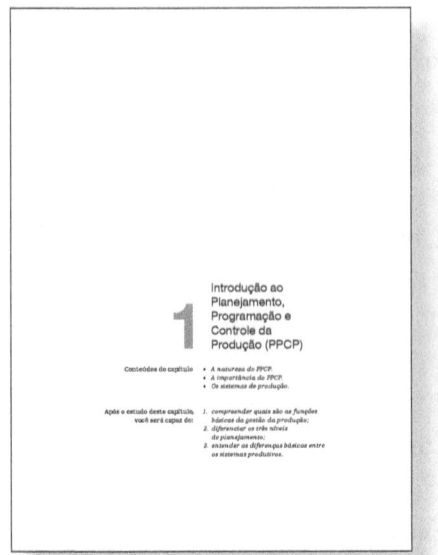

- *Conteúdos do capítulo*
  Logo na abertura do capítulo, você fica conhecendo os conteúdos que serão abordados.
- *Após o estudo deste capítulo, você será capaz de:*
  Você também é informado a respeito das competências que irá desenvolver e dos conhecimentos que irá adquirir com o estudo do capítulo.

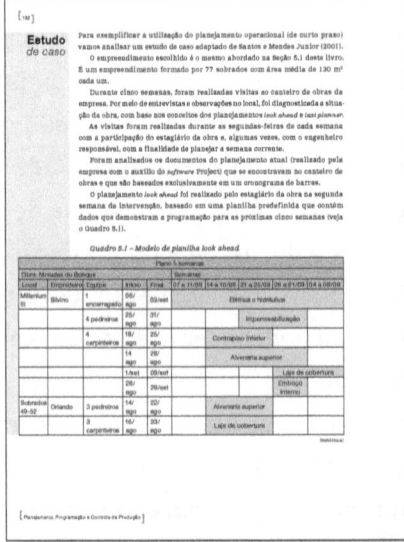

- *Estudo de caso*
  Esta seção traz ao seu conhecimento situações que vão aproximar os conteúdos estudados de sua prática profissional.

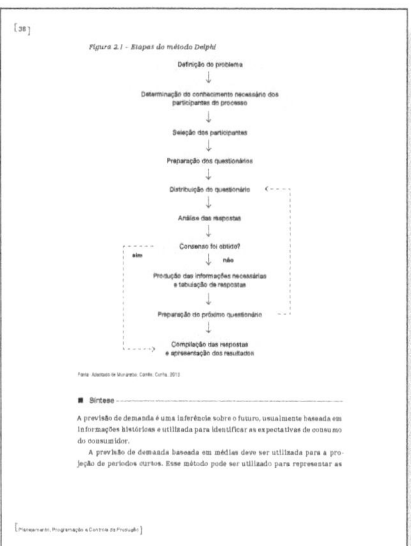

- *Síntese*
  Você dispõe, ao final do capítulo, de uma síntese que traz os principais conceitos nele abordados.

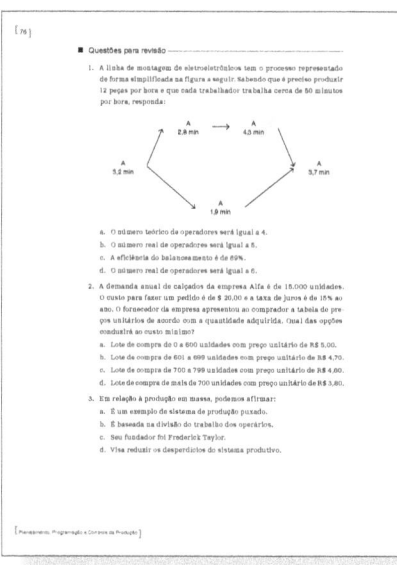

- *Questões para revisão*
  Com estas atividades, você tem a possibilidade de rever os principais conceitos analisados. Ao final do livro, a autora disponibiliza as respostas às questões, a fim de que você possa verificar como está sua aprendizagem.

- *Questões para reflexão*
  Nesta seção, a proposta é levá-lo a refletir criticamente sobre alguns assuntos e a trocar ideias e experiências com seus pares.

1 Introdução ao Planejamento, Programação e Controle da Produção (PPCP)

Conteúdos do capítulo
- *A natureza do PPCP.*
- *A importância do PPCP.*
- *Os sistemas de produção.*

Após o estudo deste capítulo, você será capaz de:
1. *compreender quais são as funções básicas da gestão da produção;*
2. *diferenciar os três níveis de planejamento;*
3. *entender as diferenças básicas entre os sistemas produtivos.*

Dentro de uma organização, a área operacional é responsável por produzir produtos e serviços a fim de atender às demandas dos consumidores. Para que essa importante área possa funcionar de forma adequada, é necessário que a gestão ou o gerenciamento da produção ocorram de forma adequada.

Consultando a bibliografia referente à administração da produção, podemos encontrar diversas definições sobre o que é *gerenciar*. Diferentes autores apontam basicamente quatro funções básicas para o gerenciamento: planejar, organizar, liderar e controlar (Laufer; Tucker, 1987; Shapira; Laufer, 1993; Laudon; Laudon, 1999). Dessa forma, podemos caracterizar o gerenciamento da produção como o esforço realizado dentro do sistema produtivo para alcançar as metas da organização por meio de planejamento, organização, execução e controle, sempre contando com a liderança eficaz dos envolvidos (veja a Figura 1.1).

Figura 1.1 – Funções da gestão da produção

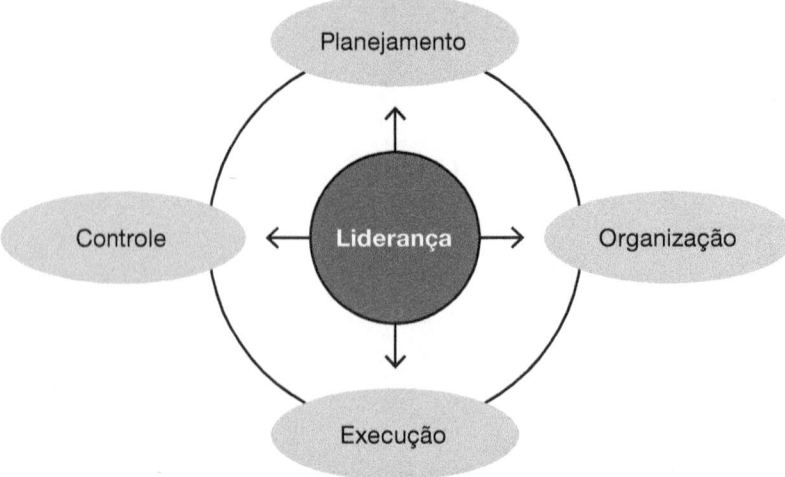

Na fase de planejamento, o gerente estabelece as metas do sistema produtivo e define o que os funcionários devem realizar para que elas sejam atingidas. Organizar envolve designar pessoal e recursos para atingir metas. É função dos gerentes eficazes conduzir bem seus funcionários, motivando-os a desempenhar seus trabalhos de forma eficiente. O controle das atividades possibilita, além de eventuais correções nas operações, identificar se o sistema produtivo está atingindo a meta previamente estabelecida na fase de planejamento (Wille, 2006).

Essas ações devem ser realizadas continuamente, seguindo o ciclo de melhoria contínua desenvolvido por Deming (1990), que envolve planejamento, execução, controle e ação sobre as não conformidades encontradas durante a fase de controle das atividades realizadas (veja a Figura 1.2). Ao longo do tempo, a qualidade dessas ações deve ser melhorada, pois, com a padronização e o aprendizado obtido ao longo dos ciclos, os erros tendem a ser reduzidos.

Figura 1.2 – Ciclo de melhoria contínua de Deming

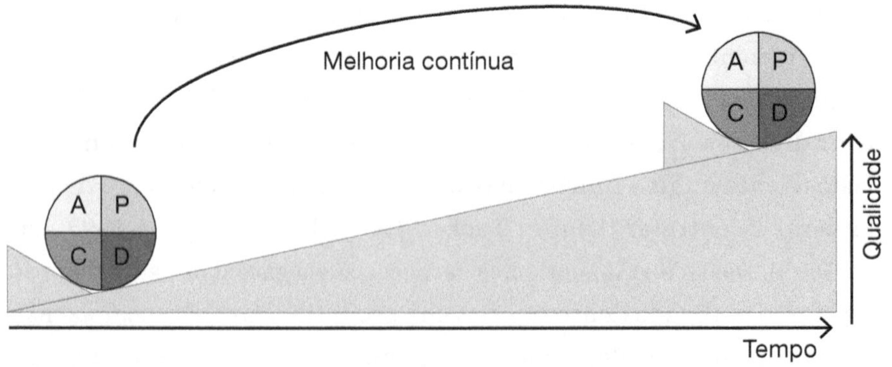

Fonte: Deming, 1990.

1.1 A natureza do PPCP

Planejamento pode ser definido como "o processo de tomada de decisão realizado para antecipar uma desejada ação futura, utilizando meios eficazes para concretizá-la" (Laufer; Tucker, 1987).

A Figura 1.3 ilustra um modelo simplificado de organização formado por diferentes departamentos e a ação de cada dimensão do planejamento atuando em cada um dos setores.

Dentro da função *produção*, as decisões gerenciais de planejamento podem ser descritas da seguinte forma (Laufer; Tucker, 1987; Shapira; Laufer, 1993):

- **Planejamento estratégico**: As decisões tomadas são de longo prazo, quando são definidos o escopo e as metas a serem alcançadas pela organização.

- **Planejamento tático**: Neste nível, selecionamos e definimos quais e quantos recursos devem ser usados para alcançar as metas definidas pelo planejamento estratégico, assim como a sua forma de aquisição e a organização adequada para a estruturação do trabalho.

- **Planejamento operacional**: Seleciona, em curto prazo, o curso das operações de produção necessárias para o alcance das metas.

Figura 1.3 – Níveis de planejamento na dimensão tempo

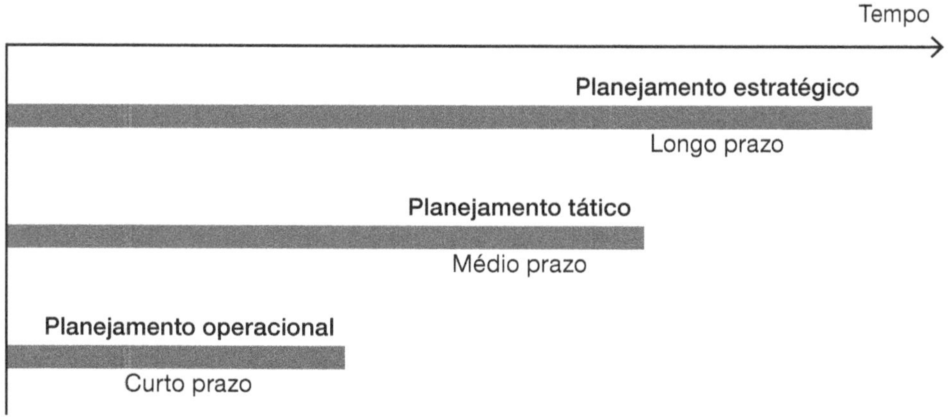

1.2 A importância do PPCP

Para que haja eficácia na gestão do sistema produtivo, o planejamento, o acompanhamento e o controle têm importância ímpar, pois, terminado o planejamento e iniciada a implementação, o acompanhamento e o controle do andamento do processo produtivo são fundamentais.

> O planejamento mostra o que se pretende fazer. O acompanhamento mostra como está sendo feito. Se forem colocados lado a lado, eles evidenciam as situações em que o desejado e o realizado apresentaram variações, ou seja, desvios, permitindo identificar as situações em que a execução saiu do caminho originalmente traçado e, portanto, onde ações de controle devem ser implementadas para alinhar novamente o trabalho do projeto, de volta ao rumo originalmente previsto. (Castro, 2005)

Existem diferentes métodos de controle que podem ser utilizados nos sistemas produtivos. Há os controles técnicos, que se referem a aspectos da qualidade dos materiais e da execução dos serviços, além da verificação da conformidade com as especificações estabelecidas; os controles econômicos, que dizem respeito à verificação das quantidades de serviço realizadas e dos custos incorridos para a sua realização; e os controles financeiros, que estão relacionados com o fluxo de caixa envolvido no sistema produtivo (Limmer, 1997).

Ao longo deste livro, apresentaremos diferentes ferramentas de controle que podem ser utilizadas para contribuir com a eficácia do processo produtivo.

Basicamente, o que já podemos afirmar é que o PPCP tem importância vital para o sucesso da execução dos processos e das operações que envolvem o sistema produtivo, pois só podemos controlar o que foi anteriormente planejado.

Sem planejamento não existe controle efetivo!

Já vimos que o planejamento é o processo de tomada de decisão realizado para antecipar uma desejada ação futura, utilizando-se de meios eficazes para concretizá-la. Planejar vai além da simples produção de planos e da verificação periódica dos desvios em relação a esses planos! O planejamento pode ser classificado em duas dimensões (Gehbauer et al., 2002):

- **Dimensão horizontal:** Refere-se às etapas pelas quais o processo de planejamento e controle é realizado.
- **Dimensão vertical:** Refere-se a como essas etapas são vinculadas entre os diferentes níveis gerenciais de uma organização.

Observando a Figura 1.4, podemos perceber que, na dimensão horizontal do planejamento, precisamos considerar as informações de outros setores da empresa, incluindo informações de custos e prazos (entradas). Na etapa seguinte, ocorre a coleta de informações, que é realizada com o público-alvo. Após obter essas informações, devemos adotar ferramentas e técnicas a fim de poder planejar e posteriormente controlar o plano. O resultado (saídas) são os documentos que abordam o plano que deverá ser seguido (Figura 1.4). Lembre-se de que o planejamento é físico, isto é, ele deve estar em forma de um documento, e não ficar só na sua cabeça! Além disso, é preciso realizar a difusão desse plano por meio de um processo de comunicação eficaz, em que os envolvidos na ação devem entender como deve ser executada cada uma das atividades. Também é importante salientar que é necessário alimentar continuamente esse documento, a fim de considerar as mudanças que porventura surjam durante a execução das ações.

Figura 1.4 – Dimensão horizontal do planejamento

Para termos uma visão geral do planejamento vertical, a Figura 1.3 ilustra um modelo simplificado de organização, resultado das múltiplas camadas hierárquicas (três níveis) do processo decisório quanto à execução do planejamento da produção (Stair, 1998).

Agora, vamos analisar o seguinte estudo de caso.

Estudo de caso

Uma empresa do setor de eletrônicos desenvolveu seu planejamento estratégico para o horizonte de quatro anos. Esse planejamento foi realizado manualmente, os dados gerados não foram devidamente organizados e, ao longo do tempo, ele infelizmente não foi atualizado.

Passados quatro anos, a situação observada na empresa era a seguinte: por mais que houvesse um planejamento estratégico formal, as ações foram realizadas de acordo com os interesses momentâneos e não houve sinergia entre as diferentes áreas da empresa: cada uma tomava suas decisões de acordo com o seu interesse e conhecimento. A empresa desenvolveu alguns dos projetos previamente planejados, porém não os concluiu dentro das condições planejadas, por mais que a comunicação por *e-mail* entre os funcionários tenha ocorrido de forma constante. As reuniões de avaliação aconteceram esporadicamente e as ações traçadas durante o planejamento pouco foram discutidas. Ao final dos quatro anos, os envolvidos chegaram à conclusão de que realizar o planejamento foi uma perda de tempo, já que ele não foi utilizado.

Vejamos.

Inicialmente, podemos afirmar que a empresa nunca havia feito um planejamento, pois o fato de ele ter sido ignorado ao longo do tempo mostra que seu conteúdo não refletia de forma adequada a estratégia de execução dos projetos da empresa. A primeira regra a que devemos nos atentar é que o planejamento deve ser realizado pela equipe que tem a função de controlar as atividades, pois, dessa forma, a estratégia de execução será incorporada no plano desenvolvido.

A falta de sinergia entre as áreas envolvidas na realização das atividades faz com que o planejamento se torne frágil, pois alguém sempre poderá afirmar que não concorda com o plano traçado porque ele não incorpora as particularidades de cada área.

Vale também enfatizar que o planejamento deve ser um documento vivo, isto é, ele pode ser alterado ao longo do tempo para poder atender às mudanças do percurso.

Gostaria que você, leitor, tivesse sempre em mente que só devemos planejar o que temos intenção de controlar! Para tanto, devemos rotineiramente realizar reuniões de avaliação do planejamento, a fim de alinhá-lo com as ações que estão sendo realizadas. Assim, podemos afirmar que o planejamento só será efetivo se o controle acontecer de forma adequada. Caso isso não ocorra, toda a energia despendida para a realização do plano terá sido em vão.

1.3 Os sistemas de produção

Antes de discorrer mais detalhadamente sobre o PPCP, precisamos conceituar os diferentes sistemas de produção (ou sistemas produtivos), para entender as suas características, identificando as melhores ferramentas de PPCP que se aplicam a cada sistema produtivo.

Sabemos que *sistema* é um conjunto de elementos inter-relacionados com um objetivo comum. Já os *sistemas de produção* são aqueles que têm por objetivo a fabricação de bens manufaturados, a prestação de serviços ou o fornecimento de informações por meio da transformação de entradas (material, máquinas, trabalho) em saídas (produtos ou serviços) (Antunes Junior; Kliemann Neto; Fensterseifer, 1989).

A escolha do sistema de produção adotado pela organização implicará diretamente o projeto da fábrica, o fornecimento de materiais e a lógica adotada para a realização do PPCP.

Os sistemas de produção podem ser classificados da seguinte maneira (Slack et al., 1999):

- sistema de produção em massa (também chamado de *produção contínua* ou de *fluxo em linha*);
- sistema de produção em lotes (também chamado de *produção por encomendas* ou de *fluxo intermitente*);
- sistema de produção por projetos.

A seguir, veremos cada um deles com mais detalhes.

1.3.1 Sistema de produção em massa

No sistema de produção contínua, utiliza-se um sequenciamento linear para produzir o produto ou serviço (Figura 1.5). O balanceamento das atividades é uma busca constante desse tipo de sistema. A fabricação de poucos produtos é realizada em larga escala. Existe um grau de diferenciação relativamente pequeno, alta eficiência e acentuada inflexibilidade no processo:

> Existe a substituição maciça de trabalho humano por máquinas e a padronização do trabalho restante em tarefas altamente repetitivas.

Grandes volumes devem ser mantidos para se recuperar o custo de equipamentos especializados. A qualificação de mão de obra é baixa, à medida que os trabalhadores devem aprender apenas algumas poucas e simples operações. Existe obsolescência do produto e monotonia dos trabalhos para os empregados. (Santos, 2011, p. 41)

Esse sistema de produção é largamente utilizado em processos que possuem uma demanda constante ou reprimida, como refinarias de petróleo, plantas de transformação química e determinados processos de manufatura de alimentos, como sucos, iogurtes etc.

Figura 1.5 – Fluxo da produção tipo funcional × fluxo unitário contínuo

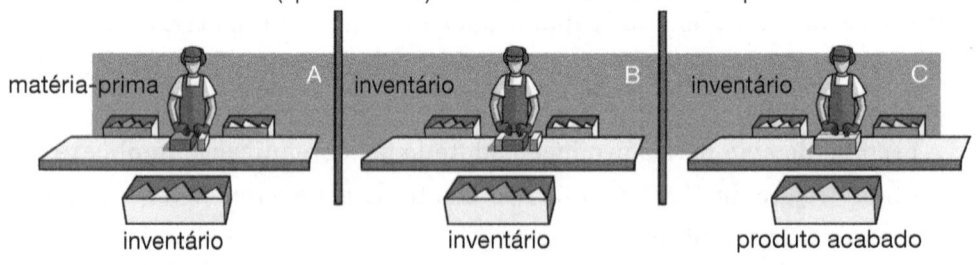

Fonte: Adaptado de Ghinato, 2000.

1.3.2 Sistema de produção em lotes

No sistema de produção que não é contínuo, chamado de *intermitente*, a produção é feita em lotes. A mão de obra e os equipamentos (do tipo genérico) são tradicionalmente organizados em centros de trabalho. A mão de obra é especializada, devido às constantes mudanças em calibragens, ferramentas e acessórios. Existe mudança no produto ou no volume de produção, isto é, há flexibilidade na produção. Esse sistema é adequado para atender às demandas variáveis. Há um desafio no controle de estoques, na programação da produção e na garantia da qualidade. Os equipamentos e as habilidades dos trabalhadores são agrupados em conjunto (Santos, 2011). Como exemplo da utilização desse sistema de produção, podemos citar a estamparia de uma fábrica de automóveis ou o seu setor de pintura. Também podemos incluir o processo de manufatura de calçados, no qual um lote consiste em um conjunto com elementos do mesmo tamanho e de um determinado estilo de calçado.

Figura 1.6 – Sistema de produção em lotes

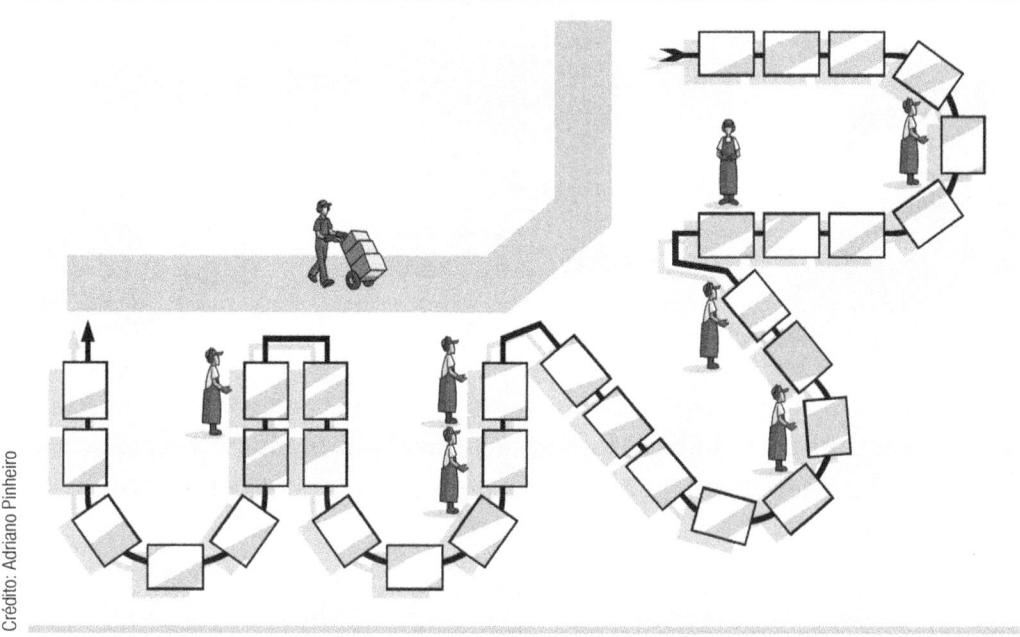

Fonte: Adaptado de Desenho, 2010.

1.3.3 Sistema de produção por projetos

Já o sistema de produção por projetos é utilizado para produtos únicos, como é o caso da construção de um navio e de um edifício ou do desenvolvimento de uma nova vacina. Nesse sistema de produção não há um fluxo de produtos; o que realmente acontece é uma sequência de tarefas ao longo do tempo (geralmente de longa duração), com pouca ou nenhuma repetição. As pessoas são altamente qualificadas, pois devem trabalhar independentemente, com um mínimo de orientação e supervisão, e a mão de obra é multifuncional e flexível, para atender às necessidades individuais do cliente. O volume de produção é baixo, havendo uma alta variedade de atividades e um alto custo. Além disso, o planejamento e o controle da produção são um desafio (Santos, 2011).

Figura 1.7 – Sistema de produção por projetos

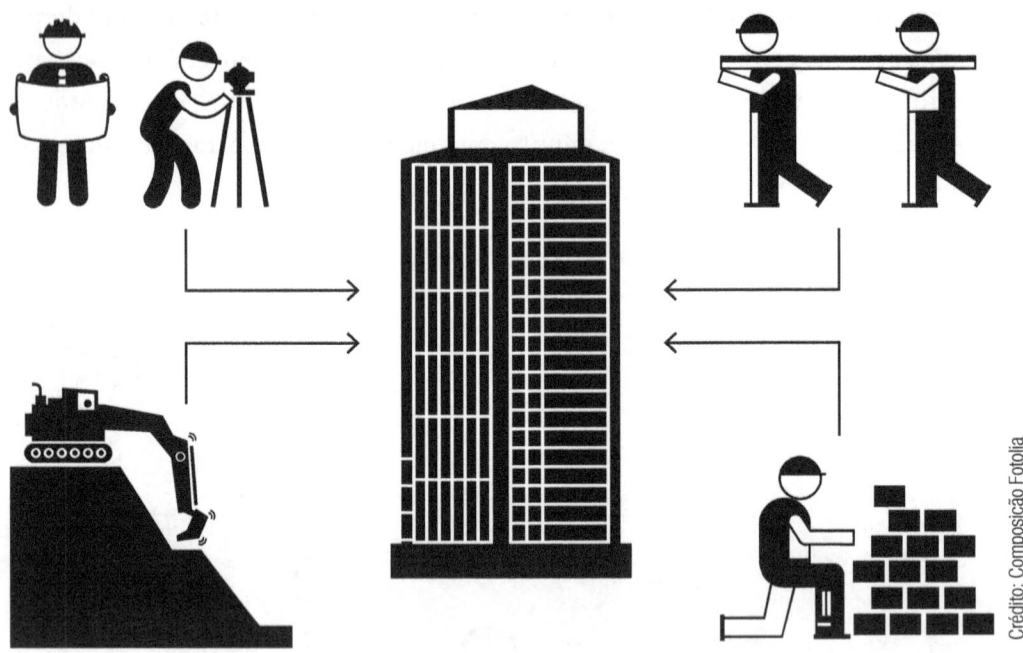

O PPCP depende significativamente do tipo de sistema de produção que a organização utiliza. As ferramentas da engenharia apresentam características diferenciadas e devem ser aplicadas de acordo com a necessidade de cada estratégia de produção.

Devido a isso, neste livro estudaremos o PPCP aplicado a três estratégias de produção reconhecidas mundialmente como as mais utilizadas pelas empresas: o sistema de produção em massa, o sistema de produção em lotes e o sistema de produção por projetos. Estudaremos esses sistemas mais a fundo nos capítulos 3, 4 e 5.

■ Síntese

O gerenciamento da produção visa alcançar as metas da organização por meio de ações que envolvam o planejamento, a organização, a execução e o controle da produção por meio do envolvimento da equipe. Só podemos controlar o que foi anteriormente planejado. Dessa forma, essas ações têm importância fundamental para as organizações, visto que a eficácia do sistema produtivo depende diretamente do PPCP.

Os sistemas produtivos podem ser classificados basicamente em sistema de produção em massa, sistema de produção em lotes e sistema de produção por projetos. A escolha do sistema de produção mais adequado para a organização depende diretamente do perfil da demanda em que ela está inserida e das características de cada organização.

■ Questões para revisão

1. Leia o estudo de caso e responda às perguntas a seguir:

Por meio de entrevistas com pessoas-chave da empresa, verificou-se que não existe um planejamento das obras. A produção das peças pré-fabricadas é contínua, isto é, não é vinculada às vendas das casas. Esse modelo de produção gera perdas no sistema, tais como superprodução, estoques, investimento de capital desnecessário, entre outros.

A produção das peças é padronizada, porém não existe um projeto executivo nem arquitetônico. É realizado um croqui (sem grandes detalhes, em papel milimetrado) do desenho das casas, sendo esse o material que vai para o canteiro de obras.

Acontecem diversos problemas (ex.: desperdícios de tempo e material, falhas de informação) na montagem das casas, porque muitos dos processos são realizados de forma artesanal, no próprio canteiro, resultando em um grande índice de variabilidade no método construtivo e na qualidade da obra.

Não existe um orçamento para cada casa, isto é, os materiais vão sendo comprados conforme a necessidade e as notas são anexadas na pasta da obra. O que existe como parâmetro de venda é um cálculo estimado do custo por metro quadrado de área a ser construída.

Não existe, também, um controle do fluxo de caixa de cada obra, pois a empresa não tem um histórico de quanto é o custo de uma determinada casa e qual foi o seu lucro real. A informação tida como base é de que está entrando dinheiro no caixa e que, por consequência, a empresa está crescendo.

---

    a. Dentro de uma construtora, o planejamento de uma obra (uma casa, por exemplo) está em que nível de planejamento organizacional? Por quê?

    b. Qual é o sistema produtivo adotado pela empresa?

    c. Que ações a empresa poderia realizar para melhorar o desempenho do sistema produtivo das casas?

2. Qual é a finalidade do planejamento?

3. O planejamento possui diretrizes para a gerência do projeto, orientando o que se deve fazer e quando a ação deve ser realizada, o que permite ao gerente do projeto controlar e coordenar o andamento do trabalho.

   ( ) Verdadeiro   ( ) Falso

4. O Planejamento é um processo sistemático que envolve o sequenciamento de várias atividades e a alocação de recursos dentro de um intervalo de tempo.

   ( ) Verdadeiro   ( ) Falso

5. As ferramentas de planejamento e controle não facilitam a comunicação entre os agentes envolvidos em um projeto.

   ( ) Verdadeiro   ( ) Falso

■ Questões para reflexão

1. Como estabelecer a ligação entre os diferentes níveis de planejamento de uma organização?

2. É possível ter um modelo único de PPCP para diferentes sistemas produtivos?

3. Cite exemplos de indústrias de produção de bens ou serviços que atendem às características dos seguintes sistemas de produção:
   a. Sistema de produção em massa.
   b. Sistema de produção em lotes.
   c. Sistema de produção por projetos.

2 A previsão de demanda

Conteúdos do capítulo
- *Métodos quantitativos e qualitativos de previsão de demanda.*
- *Previsão baseada em médias.*
- *Previsão baseada em regressão linear.*

Após o estudo deste capítulo, você será capaz de:
1. *entender o conceito de previsão de demanda;*
2. *compreender as diferenças entre métodos quantitativos e qualitativos de previsão de demanda;*
3. *fazer previsões de demanda baseadas em médias;*
4. *prever a demanda com base em regressão linear.*

Uma previsão é uma afirmativa ou inferência sobre o futuro, usualmente baseada em informações históricas. Já a demanda é o ponto de partida para o gerenciamento de suprimentos, pois prevê as expectativas de consumo do consumidor (Tubino, 2009).

Para prever a demanda, é necessário conhecer os dados históricos referentes a ela, as variáveis correlacionadas que a explicam, bem como as informações que indicam os seus comportamentos atípicos. Além disso, é necessário ter conhecimento sobre o cenário econômico, além de informações relevantes sobre a atuação de concorrentes e decisões da área comercial da organização (Martins; Laugeni, 2005).

Se analisarmos o ciclo de vida mercadológico de um produto, podemos identificar que a demanda dos consumidores varia ao longo do tempo. Isso ocorre porque, durante o ciclo, os consumidores comportam-se de forma distinta. Na fase de introdução do produto no mercado, normalmente a demanda real dos consumidores tende a ser pequena; entretanto, ao longo do ciclo de vida mercadológico, essa demanda real vai aumentando até chegar ao ápice do consumo e, posteriormente, ao declínio (veja o Gráfico 2.1).

Gráfico 2.1 – Ciclo mercadológico do produto

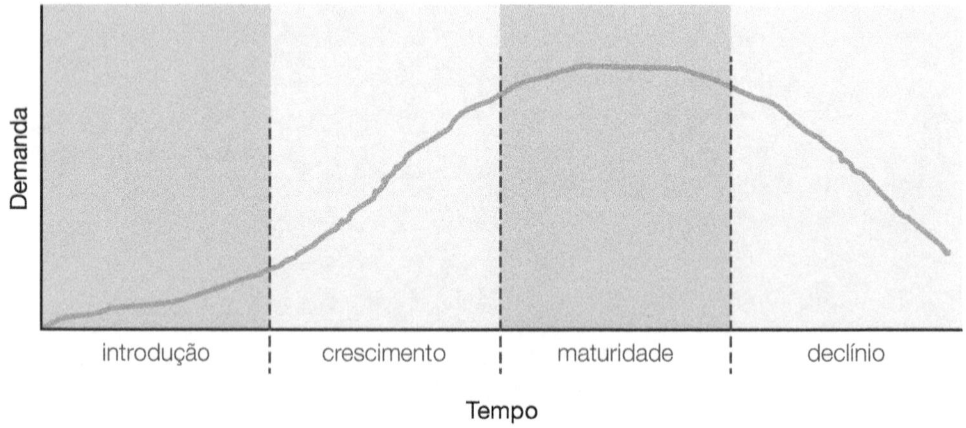

Ao longo do ciclo de vida mercadológico do produto, é necessário desenvolver um sistema de previsão de demanda, o qual terá o objetivo de coletar, tratar e analisar informações visando prever demandas futuras. É importante frisar que existe uma relação direta entre as incertezas e o tempo de previsão da demanda, ou seja, quanto maior for o horizonte de tempo, maior será o número de incertezas que serão incorporadas ao processo. Por isso, é fundamental entender que a previsão de demanda não é algo exato; ela pode variar em razão de diferentes fatores, tais como atrasos, vendas perdidas, variações de estoques, promoções, competição de mercado, eventos, ações governamentais, dentre outros (Tubino, 1997).

Existem diferentes métodos de previsão de demanda, como os de curto prazo, que utilizam métodos estatísticos baseados em médias, e os de médio prazo, baseados em regressão linear. Esses métodos são chamados de *quantitativos*, pois utilizam modelos matemáticos e são passíveis de análise estatística para determinar a previsão de demanda desejada.

Existem também os chamados métodos *qualitativos* de previsão de demanda, que buscam identificar, por meio de procedimentos interpretativos (não experimentais), o comportamento dos consumidores. Podemos citar como exemplo as pesquisas do mercado consumidor, baseadas na identificação do nível de satisfação por meio de escala qualitativa; a simulação de cenários, que busca construir diferentes cenários de vendas futuras com base na opinião de especialistas; bem como a técnica Delphi, que prevê a análise de dados por pessoas especializadas na área de conhecimento que se deseja investigar.

2.1 Previsão baseada em médias

A previsão baseada em médias é largamente utilizada para a realização de estimativas de curto prazo. Vamos concentrar nosso estudo em três dos principais métodos de médias: média móvel aritmética, média móvel geométrica e média móvel ponderada.

2.1.1 Média móvel aritmética

O método da **média móvel aritmética** é o mais básico. Vamos considerar que uma fábrica de sorvetes fez o controle de vendas dos últimos meses e listou os resultados na Tabela 2.1.

Tabela 2.1 – Resultados de vendas da fábrica de sorvetes

Mês	Vendas (unidades)
Novembro	1.004
Dezembro	1.360
Janeiro	1.680
Fevereiro	1.520

A demanda de sorvetes do mês de março poderá ser estimada de diferentes formas utilizando o método da média móvel aritmética. Se utilizarmos o mesmo método, com base nos quatro meses anteriores, teremos como previsão de demanda para março:

$$D_{março} = \frac{D_{novembro} + D_{dezembro} + D_{janeiro} + D_{fevereiro}}{4}$$

Ou seja: $(1.004 + 1.360 + 1.680 + 1.520)/4 = 1.391$ unidades.

Se na média forem consideradas as previsões de demanda imediatamente anteriores, devemos calcular a média simples entre esses dois meses:

$$D_{março} = \frac{(D_{janeiro} + D_{fevereiro})}{2}$$

Ou seja: $(1.680 + 1.520)/2 = 1.600$ unidades.

Note como os valores obtidos tiveram variação!

Cabe aqui considerar se existe algum fator de sazonalidade ou alguma interferência interna ou externa que afetará o consumo do mês de março. Isso deve ser levado em conta na escolha dos meses que serão usados para calcular a média.

Por exemplo: em março, normalmente ainda faz calor e também é o mês do carnaval. Será que esses fatores podem alterar o consumo do produto? É interessante verificar o que ocorreu nos anos anteriores para poder decidir se será melhor adotar a previsão dos meses imediatamente anteriores ou adotar os quatro meses no cálculo da previsão. No exemplo apontado, adotar os dois últimos meses para calcular a média parece o mais adequado.

Esse é um caso típico de descontinuidade. A descontinuidade da produção refere-se à interrupção do processo produtivo de um determinado produto ou serviço devido à variação da demanda. No final de março começa o outono e, logo em seguida, temos o inverno; portanto, ao longo do ano teremos novos acidentes de descontinuidade. Podemos corrigir a descontinuidade da previsão da mesma maneira que corrigimos o mês de março no exemplo citado.

2.1.2 Média móvel geométrica

O método da média móvel geométrica também é bastante simples. Vamos continuar analisando o exemplo anterior (Tabela 2.1). A demanda de sorvetes de março, pelo método da média móvel geométrica, poderá ser estimada também de várias formas. Se ela se basear nas quatro demandas, será calculada como sendo a média geométrica das quatro demandas anteriores:

$$D_{março} = \sqrt[4]{D_{novembro} \cdot D_{dezembro} \cdot D_{janeiro} \cdot D_{fevereiro}}$$

Ou seja: $\sqrt[4]{1004 \cdot 1360 \cdot 1680 \cdot 1520} = 1.366$ unidades.

Agora, se utilizarmos o mesmo método com base nos dois meses anteriores, teremos como previsão de demanda para março:

$$D_{março} = \sqrt{(D_{janeiro} \cdot D_{fevereiro})}$$

Ou seja: $D_{março} = \sqrt{(1680 \cdot 1520)} = 1.598$ unidades.

Cabe lembrar que, quanto mais nos afastamos do período a ser previsto, mais estaremos predispostos a fatores aleatórios. Por isso, é preciso observar as considerações do método anterior, isto é, deve-se comparar a demanda prevista com a demanda efetiva para definir o número de meses que serão adotados. Além disso, não devemos nos esquecer das descontinuidades conhecidas, as quais podem aumentar ou reduzir a demanda.

2.1.3 Média móvel ponderada

O método da média móvel ponderada funciona com a mesma lógica dos outros métodos já apresentados. A diferença está em considerar pesos distintos para cada um dos meses considerados, normalmente por causa da semelhança de comportamento. Isto é, se a demanda do mês de março é semelhante à do mês de fevereiro, cabe dar um peso maior para este mês. Os meses mais distantes poderão ter um peso menor.

Considerando os dados do exemplo anterior (Tabela 2.1), vamos calcular a previsão de demanda de sorvetes para o mês de março com base nos últimos quatro meses. Em virtude das características de consumo de cada um dos meses, adotaremos que novembro terá peso 10%, dezembro, 20%, e janeiro e fevereiro, 35% em relação à previsão de demanda para março.

Lembre-se de que o número de períodos (meses) considerados e os respectivos pesos de cada período que melhor estimem as demandas futuras não são critérios rígidos. Cabe ao gestor ponderá-los sem desconsiderar as descontinuidades do mercado.

Vamos lá!

$D_{março} = [(D_{novembro} \cdot 10\%) + (D_{dezembro} \cdot 20\%) + (D_{janeiro} \cdot 35\%) + (D_{fevereiro} \cdot 35\%)]$

$D_{março} = [(1004 \cdot 10\%) + (1360 \cdot 20\%) + (1680 \cdot 35\%) + (1520 \cdot 35\%)] = 1.492$ unidades

Veja que, dessa forma, é possível atribuir maior importância, isto é, maior peso aos meses que possuem semelhança de consumo com o mês que está sendo trabalhado. O método da média móvel ponderada é muito utilizado pelas organizações para realizar uma previsão de demanda de curto prazo.

2.2 Previsão baseada em regressão linear

Os autores Krajewski, Ritzman e Malhotra (citados por Medeiros; Bianchi, 2009, p. 38) afirmam que "o modelo de regressão linear é um dos modelos mais utilizados para realizar a previsão de demanda no médio prazo. Este método consiste de uma variável, chamada de dependente, estar relacionada a uma ou mais variáveis independentes por uma equação linear".

A variável independente é aquela que pode ser manipulada pelo pesquisador durante o experimento. São os fatores que serão testados de forma experimental. As variáveis dependentes são as respostas que serão dadas às ações que serão realizadas pelo pesquisador via variáveis independentes. Dessa forma, as variáveis independentes são aquelas que são manipuladas (inseridas pelo pesquisador), enquanto as variáveis dependentes são apenas medidas ou registradas. Isso quer dizer que, de acordo com os dados inseridos como variáveis independentes, teremos um resultado diferente, que é chamado de *variável dependente*, isto é, está sempre condicionada pela primeira!

Para obter o cálculo da equação da reta, basta aplicar a seguinte equação:

$$y = a + bx$$

Nesta equação, "y" refere-se à variável dependente e "x" à variável independente. O "a" representa a interseção da reta no eixo y, e "b" representa a inclinação da reta. Com essa fórmula, podemos identificar o efeito da variável independente sobre a variável dependente (demanda do produto).

Podemos dizer que a previsão de demanda com base em regressão linear visa encontrar a equação de uma reta em que os erros sejam minimizados (veja o Gráfico 2.2). Isso quer dizer que todo ponto que fizer parte dessa reta satisfaz sua equação.

Gráfico 2.2 – Regressão y = a + bx

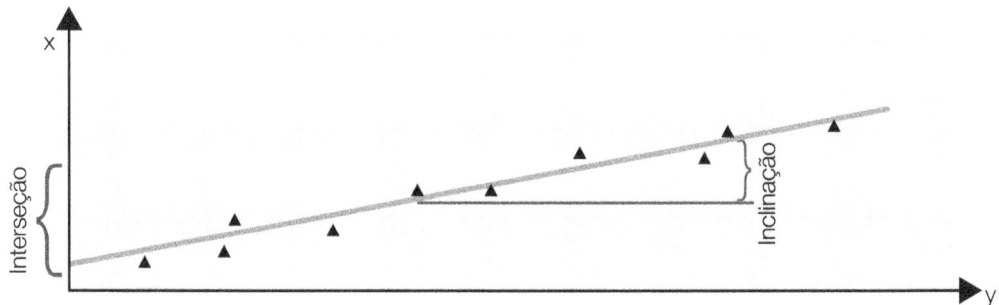

Para encontrarmos os valores de "b", utilizamos a fórmula a seguir, em que "n" refere-se ao período de tempo considerado. Com esse resultado, podemos encontrar o valor de "a" utilizando a fórmula anterior.

$$b = \frac{\Sigma xy - (n \cdot \bar{x} \cdot \bar{y})}{\Sigma x^2 - [n(\bar{x})^2]}$$

Além de calcular a reta, precisamos verificar se as variáveis possuem alto fator de correlação, isto é, se quando alteramos a variável independente, automaticamente a variável dependente é alterada em relação direta (positiva) ou inversa (negativa) dentro de uma escala métrica. Para isso, calculamos o coeficiente de correlação de Pearson ("r"), que é a medida do grau de relação linear entre duas variáveis quantitativas, por exemplo, "y" e "x". Esse coeficiente varia entre os valores –1 e 1. O valor 0 (zero) significa que não existe relação linear, o valor 1 indica uma relação linear perfeita, e o valor –1 também indica uma relação linear perfeita, mas inversa – ou seja, quando uma das variáveis aumenta, a outra diminui. Quanto mais próximo estivermos de 1 ou –1, mais forte é a associação linear entre as duas variáveis. Para calcular o coeficiente de correlação, utilizamos a fórmula a seguir:

$$r = \frac{\Sigma (x - \bar{x}) \cdot (y - \bar{y})}{\sqrt{\Sigma (x - \bar{x})^2 \cdot \Sigma (y - \bar{y})^2}}$$

De forma simplificada, podemos dizer que a regressão linear visa encontrar uma reta que represente o comportamento entre variáveis que possuam alto grau de correlação.

Exercício resolvido

Uma empresa que comercializa bicicletas registrou o volume de vendas entre os meses de janeiro a junho, conforme apresenta a Tabela 2.2. Precisamos realizar a previsão de demanda para os meses de julho, agosto e setembro.

Tabela 2.2 – Volume de vendas

Mês	Vendas (unidades)
Jan.	320
Fev.	335
Mar.	344
Abr.	353
Maio	368
Jun.	378

Primeiramente, precisamos identificar os valores de cada uma das variáveis da equação que vimos anteriormente. Para facilitar os cálculos, é melhor organizar os dados, como na Tabela 2.3, para identificarmos os valores referentes a cada um dos componentes necessários para calcular os valores de "a" e "b".

Tabela 2.3 – Planilha de apoio para calcular "a" e "b"

x(meses)	y (unidades vendidas)	x · y	x²	y²
1	320	320	1	102.400
2	335	670	4	112.225
3	344	1032	9	118.336
4	353	1.412	16	124.609
5	368	1.840	25	135.424
6	378	2.268	36	142.884
21	2.098	7.542	91	735.878

Utilizando a fórmula a seguir, podemos calcular o valor de "b":

$$b = \frac{\Sigma xy - (n \cdot \bar{x} \cdot \bar{y})}{\Sigma x^2 - [n(\bar{x})^2]}$$

$$b = \frac{7542 - (6 \cdot 3{,}5 \cdot 349{,}67)}{91 - [6 \cdot (3{,}5)^2]} = 11{,}68$$

Agora, substituindo o valor de "b" na fórmula da regressão linear, encontramos o valor de "a":

y = a + bx
349,67 = a + 11,68 · 3,5
a = 308,79

Utilizando a fórmula a seguir, podemos identificar o valor do coeficiente de correlação (r). Neste exemplo, o coeficiente de correlação é 0,997, indicando que existe uma correlação forte entre as variáveis e que podemos utilizar essa equação de reta para realizar a previsão para os meses de julho, agosto e setembro.

$$r = \frac{\Sigma (x - \bar{x}) \cdot (y - \bar{y})}{\sqrt{\Sigma (x - \bar{x})^2 \cdot \Sigma (y - \bar{y})^2}} = 0{,}997$$

Agora, substituindo os valores de "a" e "b" na equação da reta, podemos calcular "y", substituindo "x" pelos meses correspondentes. As previsões para os meses 7, 8 e 9 são as seguintes: 391 unidades para julho, 402 unidades para agosto e 414 unidades para setembro (Gráfico 2.3).

y = a + bx
y = 308,79 + 11,68 · 7 = 391
y = 308,79 + 11,68 · 8 = 402
y = 308,79 + 11,68 · 9 = 414

Gráfico 2.3 – Previsão das vendas de bicicletas

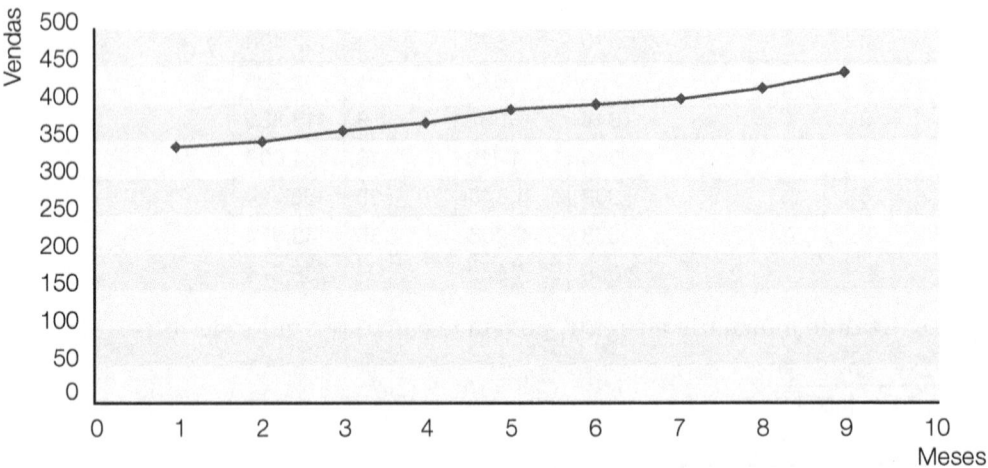

O método de previsão de demanda baseado em regressão linear simples é uma excelente ferramenta matemática para realizar as projeções futuras da demanda, tornando possível para a empresa planejar adequadamente suas ações de mercado. Vale lembrar que as previsões envolvem probabilidade estatística e, portanto, não são exatas. Por isso, é necessário que o gestor realize o monitoramento constante dos dados e faça as projeções rotineiramente.

2.3 Previsão baseada no método Delphi

Como já falamos no início deste capítulo, existem métodos de previsão de demanda quantitativos e qualitativos. O método Delphi é um exemplo de método qualitativo.

O método Delphi consiste na aplicação de questionários a especialistas, em várias rodadas, visando identificar a prospecção de cenários futuros com base no conhecimento especializado desses indivíduos em relação ao tópico em estudo. Ao final de cada rodada, é realizada uma análise estatística dos dados e, com base nesses resultados, elabora-se outro questionário para distribuir para o grupo. Os especialistas respondem novamente ao novo questionário e precisam justificar as respostas discrepantes em relação à média. Quando o coordenador da pesquisa verifica que nas respostas não ocorreram variações significativas, o processo é encerrado; caso contrário, um novo questionário é repassado para o grupo (Oliveira et al., 2008).

O método Delphi normalmente é utilizado quando se tem pouco tempo para coletar dados e introduzir novos produtos ou quando se pretende entender um cenário político e econômico instável. Como vantagens para a utilização do método Delphi, podemos citar o anonimato, a realimentação controlada das informações, a quantificação das respostas em escala numérica e a análise estatística. Como desvantagens, podemos apontar que o método Delphi é um processo lento e dependente dos participantes; muitas vezes, há alguma dificuldade para redigir o questionário e normalmente o consenso é forçado. A Figura 2.1 ilustra as etapas do método Delphi.

Figura 2.1 – Etapas do método Delphi

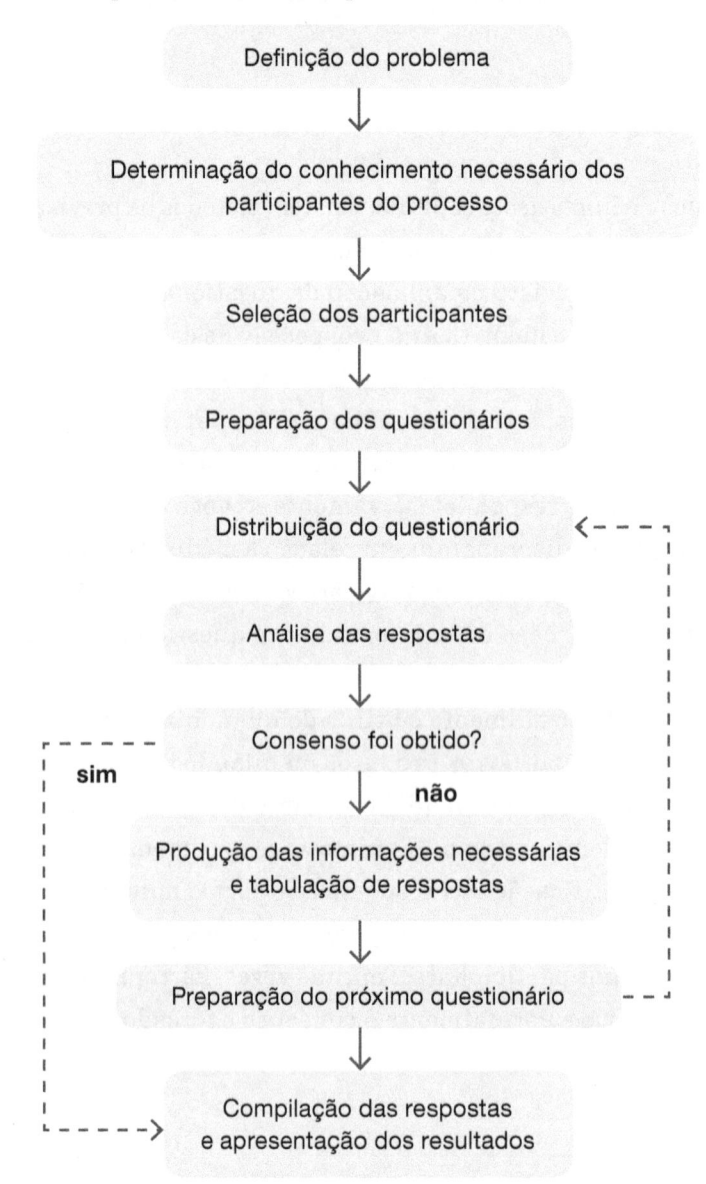

```
Definição do problema
        ↓
Determinação do conhecimento necessário dos
participantes do processo
        ↓
Seleção dos participantes
        ↓
Preparação dos questionários
        ↓
Distribuição do questionário  ←----┐
        ↓                          |
Análise das respostas              |
        ↓                          |
Consenso foi obtido?               |
  sim ↓      não                   |
        ↓                          |
Produção das informações necessárias
e tabulação de respostas           |
        ↓                          |
Preparação do próximo questionário ----┘
        ↓
Compilação das respostas
e apresentação dos resultados
```

Fonte: Adaptado de Munaretto; Corrêa; Cunha, 2013.

■ Síntese

A previsão de demanda é uma inferência sobre o futuro, usualmente baseada em informações históricas e utilizada para identificar as expectativas de consumo do consumidor.

A previsão de demanda baseada em médias deve ser utilizada para a projeção de períodos curtos. Esse método pode ser utilizado para representar as sazonalidades, visto que podemos ponderar os valores já obtidos para gerar uma previsão que reflita a realidade da organização. Também podemos utilizar a regressão linear para encontrar uma equação de reta que represente as vendas de um determinado período. Para tanto, precisamos calcular o coeficiente de Pearson e identificar se os valores têm uma correlação forte. Caso exista, podemos utilizar essa reta para fazer a projeção da demanda para períodos mais longos.

O método Delphi visa identificar a opinião de especialista em relação a um tópico de interesse por meio da aplicação de questionários em várias rodadas, bem como determinar a prospecção de cenários futuros com base no conhecimento especializado desses indivíduos em relação ao tópico em estudo.

■ Questões para revisão

1. As vendas de esteiras dos últimos meses na Academic House estão relatadas no quadro a seguir. Determine a previsão de demanda para o mês 9, utilizando o modelo de média móvel dos últimos 6 meses.

Vendas de esteiras								
Mês	1	2	3	4	5	6	7	8
Esteiras	185	223	236	186	180	150	189	195

2. A indústria Alfa vendeu, nos últimos seis meses, as seguintes quantidades de calçados:

Vendas						
Mês	Jul.	Ago.	Set.	Out.	Nov.	Dez.
Consumo real	540	555	563	572	589	602

   a. Calcule a equação da reta.

   b. Calcule o coeficiente de correlação e analise-o.

   c. Determine a previsão para os meses de janeiro, fevereiro, março, abril e maio.

3. Em relação ao Método Delphi, podemos afirmar:

   a. É um método de abordagem quantitativa.

   b. Não necessita o envolvimento de pessoas que tenham experiência prática no tópico que será investigado.

   c. É largamente utilizado em pesquisas experimentais.

   d. Os especialistas são escolhidos pelo pesquisador que está conduzindo a pesquisa.

4. A relação linear é:
   a. um método qualitativo usado na previsão de demanda.
   b. usada para projetar a previsão de demanda de curto prazo.
   c. indicada para realizar previsões de demanda quando as variáveis possuem alto grau de correlação.
   d. uma ferramenta pouco utilizada no processo de previsão de demanda.

5. A previsão de demanda baseada em médias é:
   a. largamente utilizada para realizar estimativas de curto prazo.
   b. indicada para prever demandas de produtos de baixo custo.
   c. usada quando as variáveis não possuem correlação.
   d. um método qualitativo usado para avaliar a qualidade de um produto.

■ Questões para reflexão

1. Em que casos devemos utilizar as previsões de demanda qualitativas?
2. Como você acha que podemos fazer a previsão de demanda para serviços?

3 Sistema de produção em massa

Conteúdos do capítulo
- *Capacidade do sistema produtivo.*
- *Planejamento estratégico da produção.*
- *Planejamento tático da produção.*
- *Planejamento mestre da produção.*
- *Programação da produção.*
- *Sequenciamento da produção.*
- *A gestão de estoques no sistema de produção em massa.*
- *A gestão de compras na filosofia* Just in Case *(JIC).*

Após o estudo deste capítulo, você será capaz de:
1. *entender as características do sistema de produção em massa;*
2. *calcular a capacidade de um sistema;*
3. *entender como estruturar o planejamento estratégico, o planejamento mestre e a programação da produção no sistema de produção em massa;*
4. *compreender as diferenças entre os tipos de sequenciamento da produção;*
5. *compreender a lógica da gestão de estoques no sistema de produção em massa.*

Aproveitando os ensinamentos de Adam Smith sobre divisão do trabalho e os de Taylor sobre a administração científica, Henry Ford construiu a maior empresa de automóveis de seu tempo utilizando um novo sistema de produção, o sistema de produção em massa, também conhecido como sistema *Just in Case* (JIC) ou *produção empurrada* (Womack; Jones; Roos, 1992).

Santos (2011, p. 24) afirma que "a ideia principal das inovações de Ford está centrada na produção em massa, ou seja, são produzidos grandes volumes de um mesmo produto. Produzir em massa não é apenas produzir bastante, mas sim produzir grandes quantidades com o intuito de diminuir custos em escala".

Para tanto, Ford buscou reduzir significativamente os tempos de fabricação dos veículos, de modo a atingir a economia de escala, ou seja, reduzir o custo unitário de fabricação de um veículo por meio da diluição dos custos fixos em uma grande quantidade de produtos fabricados (Womack; Jones; Roos, 1992):

> A principal contribuição do sistema fordista foi o conceito de linha de montagem, no qual os produtos são transportados dentro da fábrica, através das estações de trabalho, reduzindo o tempo de movimentação dos operários na busca de ferramentas e peças, aumentando a velocidade e ritmo de produção, de maneira padronizada e econômica.
> (Santos, 2011, p. 24)

O ritmo da produção é constante e homogêneo nas seções fixas, necessitando da existência de grandes estoques. De maneira geral, o fordismo envolve não só a criação de um sistema de produção em massa, mas também a intercambialidade das peças e dos funcionários, a padronização de produtos, ferramentas e métodos de trabalho e a criação de relações trabalhistas mais estáveis, associados à integração vertical e à centralização do poder. No que tange à gestão de estoques, o sistema JIC trabalha com altos níveis de inventário para dar conta da capacidade de produção de cada posto de trabalho (Ohno, 1997).

Produzindo grandes quantidades e empurrando os produtos para os clientes finais, o sistema de produção fordista conseguia diminuir os custos dos veículos. Com a linha de montagem, o produto se movimenta e os operadores ficam parados em postos de trabalho. Essa contribuição de Ford conseguiu diminuir em pelo menos 30% o tempo de produção de um carro. Entretanto, criou um trabalho monótono, que comprometeu a motivação dos operários e contribuiu para a abertura de sindicatos e para a regularização das condições trabalhistas (Womack; Jones; Roos, 1992). Além disso, o sistema de produção de Ford apresentava diversas perdas – grande estoque, grande *setup* (tempo necessário para iniciar uma atividade), muito retrabalho etc. –, que eram mascarados dentro da produção em grandes lotes.

De forma geral, a produção em massa não visa à qualidade dos produtos e serviços; ainda assim há a realização de um controle estatístico da qualidade, por meio de amostragem, focado na manutenção corretiva.

O *layout* normalmente é organizado por processo, podendo também estar disposto por produto. Nesse sistema, prioriza-se a estrutura de produção da empresa (seções fixas), levando em conta as restrições impostas pelo mercado. As previsões de venda servem tanto para dimensionar o sistema produtivo quanto para programar a produção propriamente dita. A operacionalização é de curto prazo e dependente dos dados de entrada (previsão de demanda, tempo padrão, tamanho dos lotes). O sistema de informação que orienta e agiliza a programação da estrutura produtiva é externo a ela – isto é, o departamento de PCP é centralizado (Ohno, 1997).

O controle da produção é realizado apenas sobre os resultados finais, sendo um controle externo ao processo produtivo, o que dificulta a identificação de uma causa real quando algum desvio é observado.

Já que a matéria-prima é comprada em grandes lotes, o custo unitário tende a reduzir de forma significativa. Esses lotes são chamados de *lotes econômicos* e empregados como forma de aperfeiçoar a utilização da estrutura da produção.

Para gerenciar todos esses materiais e o grande estoque intermediário, utiliza-se uma ferramenta computacional chamada *Material Resource Planning* (MRPII), para dar suporte à gestão de suprimentos (Heineck, 2004). Esses assuntos serão vistos ainda nesta seção. A Figura 3.1 resume o funcionamento do sistema de produção em massa.

Figura 3.1 – Sistema de produção em massa

A lógica do sistema de produção em massa pode ser representada pela Figura 3.2. A ideia é transformar *inputs* (entradas) em *outputs* (saídas). Para tanto, busca-se continuamente aumentar a produtividade da linha (calculada com base na relação entre a medida de *outputs* e a medida de *inputs*). A lógica desse sistema é produzir mais *outputs* usando o mesmo nível de *inputs*, produzir a mesma quantia de *outputs* com menos *inputs* ou produzir mais *outputs* com menor nível de *inputs* (Martins; Laugeni, 2005).

Figura 3.2 – Representação de um sistema de produção em massa

3.1 Capacidade do sistema produtivo

A capacidade de um sistema produtivo é a máxima produção que ele pode fornecer em condições normais de operação ao longo de um determinado tempo.

Basicamente, podemos classificar a capacidade em *efetiva* e *de projeto*. A capacidade efetiva considera o tempo realmente utilizado para a produção das atividades, isto é, descontam-se todos os tempos de paradas que ocorrem ao longo do sistema produtivo. Já a capacidade de projeto refere-se à capacidade teórica do sistema produtivo e é aquela normalmente indicada pelo fabricante dos equipamentos usados na produção (Martins; Laugeni, 2005).

Para determinar a capacidade do sistema produtivo, primeiramente precisamos definir como iremos medi-la. Por exemplo: em indústrias que fabricam produtos, normalmente a capacidade é medida em função do volume da produção que se deseja; em uma fábrica de adubos, pode-se medir a capacidade por toneladas/dia; em uma fábrica de calçados, a capacidade poderia ser medida pela venda de unidades/ano.

Já em empresas prestadoras de serviços, a capacidade é medida pela disponibilidade de utilização disponível – isto é, para um teatro, a capacidade seria o número de assentos; para um hotel, a medida da capacidade poderia ser o número de quartos disponíveis.

Para determinarmos a capacidade do sistema produtivo, não podemos deixar de considerar se adotaremos a capacidade efetiva ou a de projeto. Se adotarmos a efetiva, é necessário calcular todos os tempos de parada, como o tempo de preparação das máquinas, o tempo de limpeza, o tempo de manutenção, entre outros.

Um bom planejamento estratégico de produção na filosofia JIC deve se preocupar em balancear os recursos produtivos de forma a atender a demanda com uma carga adequada para os recursos da empresa (Womack; Jones; Roos, 1992).

A produção em massa busca constantemente balancear o sistema a fim de gerar o sistema ideal, isto é, ter a mesma capacidade para todas as operações do sistema. Para tanto, divide-se o tempo total para a fabricação de um produto entre as diferentes operações, permitindo que a linha fique com os tempos nivelados (Shingo, 1996).

Para realizar o balanceamento do sistema produtivo, primeiramente precisamos calcular o tempo de ciclo (Tc), que expressa a frequência com que um produto sai da linha de montagem (Martins; Laugeni, 2005). Para calcularmos o Tc, precisamos conhecer o tempo de produção (TP) total e a quantidade de produtos (Q) fabricados ao longo desse tempo:

$$Tc = \frac{TP}{Q}$$

Por exemplo, se uma linha de montagem produz 1200 produtos em 8 horas de trabalho, o tempo de ciclo (Tc) será:

$Tc = \frac{482}{1200} = 0{,}4$ minutos/produtos

Com o tempo de ciclo, podemos calcular o número teórico de operadores (No) necessários para o sistema. Para tanto, precisamos calcular o tempo de atravessamento (Ta), que se refere ao tempo necessário para produzir um produto. Por exemplo: suponhamos que, para produzir um determinado produto, seja necessário passar por todas as operações ilustradas na Figura 3.3. O tempo de atravessamento (Ta) seria de 20 minutos (5 + 2 + 2 + 3 + 4 + 4).

Figura 3.3 – Exemplo de operações em uma linha de montagem

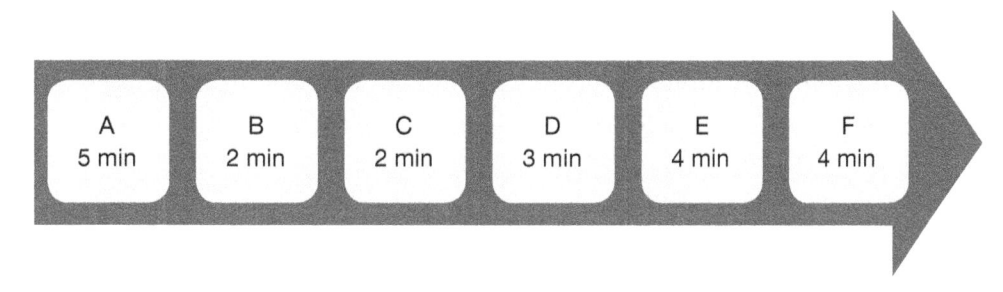

A	B	C	D	E	F
5 min	2 min	2 min	3 min	4 min	4 min

Além do tempo de atravessamento (Ta), precisamos do tempo de ciclo (Tc) para calcular o número teórico de operadores (No):

$$No = \frac{Ta}{Tc}$$

Agora, se utilizarmos a linha de montagem representada na Figura 3.3 com a finalidade de produzir 8 produtos por hora, sendo que cada operador trabalhe em média 42 minutos por hora, podemos calcular o tempo de ciclo, o número real de operadores e a eficiência do balanceamento.

O tempo de ciclo será de 5,25 minutos por produto e o número teórico de operadores será de 3,81.

$Tc = \frac{TP}{Q} = \frac{42}{8} = 5{,}25$ minutos/produtos

$No = \frac{Ta}{Tc} = \frac{20}{5{,}25} = 3{,}81$ operadores

Agora precisamos balancear o sistema. Para tanto, vamos agrupar as operações, tentando fazer com que elas fiquem com tempos similares. Uma das soluções possíveis é o agrupamento ilustrado na Tabela 3.1. A operação A é a que possui maior tempo de processamento. Dessa forma, precisamos agrupar as demais operações a fim de conseguir o balanceamento. Nesse exemplo, podemos perceber que seriam necessários 5 operadores para dar conta do sistema e que a eficiência das operações agrupadas fica exatamente igual.

Tabela 3.1 – Agrupamento das operações

Operadores necessários	1	2	3	4	5
Agrupamento das operações	A	B + C	D	E	F
Tempo (min)	5	4	3	4	4
Eficiência do balanceamento (%)	100	80	60	80	80

Para calcular a eficiência do balanceamento do sistema, precisamos saber a relação entre o número teórico de operadores e a necessidade real. Nesse exemplo, a eficiência ficaria em 76,2% (3,81/5). Isso quer dizer que não é possível produzir 8 produtos com apenas aproximadamente 4 operadores; precisamos de 5 operadores para tornar o sistema balanceado. Isso ocorre porque o sistema está organizado em linha, isto é, sequencialmente. Dessa forma, os operários ociosos não conseguem ajudar os demais postos de trabalho.

3.2 Planejamento estratégico no sistema de produção em massa

Segundo Porter (1991), as empresas criam vantagem competitiva percebendo e descobrindo novos e melhores meios de competir em um setor, o que é percebido como uma inovação. As forças estratégicas competitivas têm sido utilizadas como base para o entendimento e para a exploração da tecnologia da informação. Essas forças são utilizadas como arma estratégica das organizações e possibilitam a exploração de seu potencial nas várias dimensões internas e externas.

Durante o planejamento estratégico organizacional, é necessário definir a estratégia corporativa baseando-se na missão da empresa e na definição clara de qual é o seu negócio e como ele deverá ser no futuro.

A estratégia corporativa define as áreas de negócios em que a empresa deverá atuar e como ela deverá gerenciar os recursos corporativos para atender às demandas de cada unidade de negócio (Tubino, 1997).

Para cada uma das grandes áreas organizacionais – como *marketing* e vendas, produção, finanças, recursos humanos, entre outras –, deve ser estabelecida uma estratégia de atuação, bem como de diferenciação.

Neste livro, focaremos na estratégia de produção, que consiste na definição de políticas inerentes à função de produção, que suporta a posição competitiva da unidade de negócios da empresa.

A estratégia de produção deve especificar como a unidade produtiva suportará uma vantagem competitiva e como apoiará as demais estratégias funcionais (Tubino, 1997).

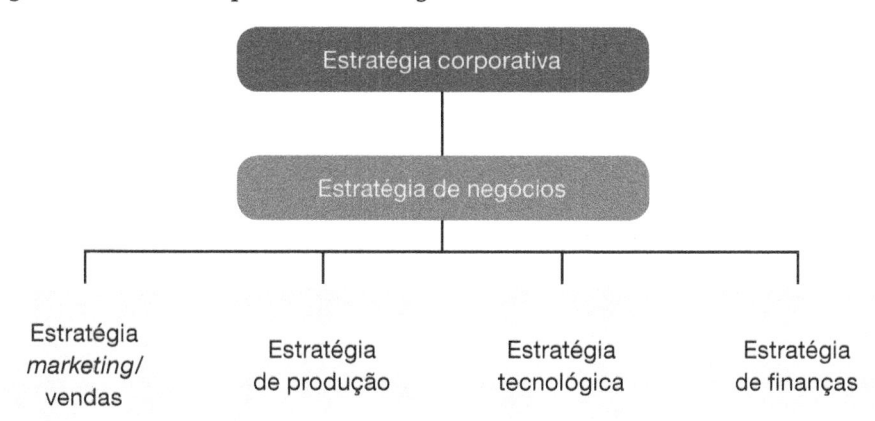

Figura 3.4 – Hierarquia de estratégias

```
                    Estratégia corporativa
                            |
                    Estratégia de negócios
                            |
        ┌───────────────┬───┴───────────┬───────────────┐
    Estratégia       Estratégia       Estratégia      Estratégia
    marketing/       de produção      tecnológica     de finanças
    vendas
```

Fonte: Adaptado de Wheelwright, 1984.

Para desenvolver a estratégia de produção, é necessário listar critérios de desempenho que tragam consigo a possibilidade de potencializar a vantagem competitiva em relação aos concorrentes. Dentre esses critérios, é importante identificar diferenciais em relação a prazo de entrega, custo, qualidade do produto e de atendimento, flexibilidade de pedidos e confiabilidade (Slack, 1993). Vale também salientar a importância de considerar os aspectos relativos à sustentabilidade ambiental, social e econômica.

Um produto das decisões estratégicas é o plano estratégico de produção, de longo prazo, normalmente dividido em períodos de meses ou trimestres, contemplando um ou mais anos no futuro. O plano estratégico de produção tem por objetivo descrever os recursos produtivos necessários para atender às necessidades das estratégias escolhidas (Martins; Laugeni, 2005).

Esse plano servirá de base para analisar os parâmetros de produção relacionados à gestão de estoques e à disponibilidade de mão de obra, máquinas e instalações necessárias para atender à demanda prevista para produzir bens ou serviços.

Segundo Tubino (1997), existem várias informações necessárias para a elaboração de um plano de produção, tais como:

- **Recursos**: Equipamentos, instalações, mão de obra.
- **Previsão da demanda**: Demanda prevista para as famílias de produtos.
- **Custos**: Custo de produção, estoques, armazenagem e distribuição, subcontratações, horas extras dos funcionários.

3.3 Planejamento tático no sistema de produção em massa

O plano de produção é alimentado com informações de vendas e de produção. No planejamento tático (nível médio), ocorre o agrupamento de produtos em famílias, por isso ele pode ser chamado de *planejamento agregado* da produção.

Quando definimos as estratégias de produção, precisamos decidir se manteremos a produção constante, se a produção será flexível ou se será mantida de acordo com a demanda.

Basicamente, para realizar um planejamento tático da produção, devemos seguir os seguintes passos (Tubino, 2009):

- agrupar os produtos em famílias;
- estabelecer o período de tempo que será utilizado no plano;
- determinar a previsão da demanda dessas famílias para os períodos no horizonte de planejamento;
- determinar a capacidade de produção pretendida por período, para cada alternativa disponível (turno normal, turno extra, subcontratações etc.);
- determinar os custos de cada alternativa de produção disponível;
- desenvolver planos de produção alternativos e calcular os custos decorrentes;
- analisar as restrições de capacidade produtiva;
- eleger o plano mais viável estrategicamente.

No planejamento tático, agrupamos todos os tipos de produtos e realizamos o plano considerando o estoque inicial (EI) e o estoque final (EF) no período "n", a previsão de demanda (D) e a necessidade de produção (NP) para o período. O estoque médio (EM) e os custos de produção também devem ser considerados. O cálculo da necessidade de produção (NP) é realizado por meio da seguinte fórmula:

$$NP = \frac{D + EF - EI}{n}$$

Exercício resolvido

Suponha que uma empresa que fabrique sorvetes disponha de diferentes sabores na sua linha de produtos. A previsão da demanda é conhecida e está ilustrada no Gráfico 3.1. Sabemos que no planejamento tático devemos agregar todos os produtos, por isso na previsão de demanda aparece a quantidade total de produtos (veja a Tabela 3.2). Com os dados a seguir, devemos calcular a necessidade de produção dessa empresa.

Tabela 3.2 – Demanda prevista

Mês	Demanda
Jan.	2.150
Fev.	2.350
Mar.	1.890
Abr.	1.400
Maio	1.650
Jun.	1.000
Jul.	1.196
Ago.	1.250
Set.	1.840
Out.	2.216
Nov.	2.210
Dez.	2.500

Gráfico 3.1 – Demanda prevista

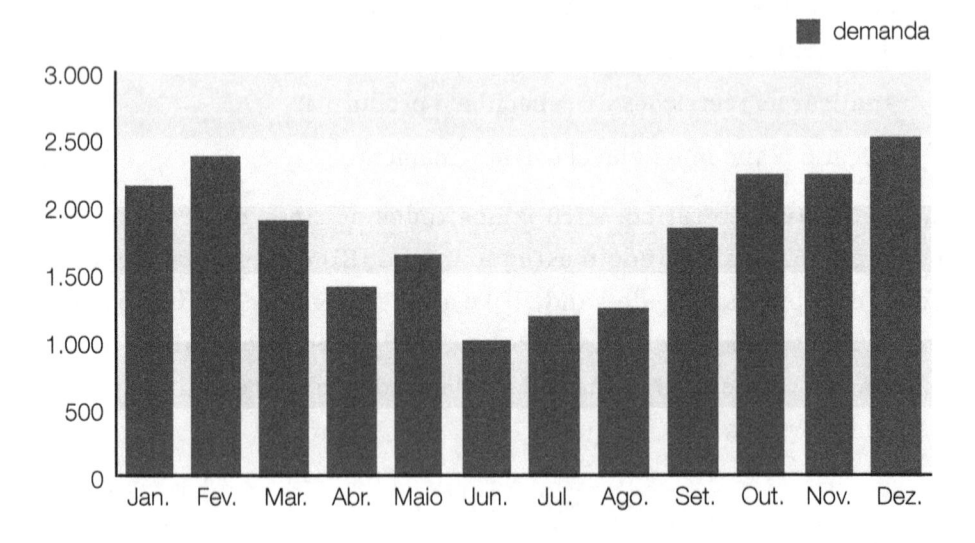

Na primeira alternativa a ser analisada, vamos supor que a estratégia adotada seja manter a produção constante e utilizar os estoques para absorver as variações da demanda. Vamos considerar que o estoque final do mês de dezembro do ano anterior foi de 400 unidades e que o estoque final desejado é de zero unidades. Agora, precisamos calcular a necessidade de produção (NP) mensal para atender plenamente à demanda. Utilizando a fórmula que vimos anteriormente, teremos o seguinte resultado:

$$NP = \frac{\Sigma D + EF - EI}{n}$$

$$NP = \frac{21652 + 0 - 400}{12} = 1771 \text{ unidade/mês}$$

Para facilitar o cálculo do estoque final, é necessário fazer uma tabela seguindo a lógica da Tabela 3.3, na qual o estoque final é calculado da seguinte forma:

$$EF = EI + NP - D$$

O estoque inicial será o valor do estoque final do período anterior. Se o estoque final for negativo, devemos entender que esse valor refere-se ao montante de produtos não entregues para os clientes.

Tabela 3.3 – Cálculo do estoque final mensal da primeira alternativa

Mês	Demanda	EI	Produção	EF
Jan.	2.150	400	1.771	21
Fev.	2.350	21	1.771	−558
Mar.	1.890	−558	1.771	−677
Abr.	1.400	−677	1.771	−306
Maio	1.650	−306	1.771	−185
Jun.	1.000	−185	1.771	586
Jul.	1.196	586	1.771	1.161
Ago.	1.250	1.161	1.771	1.682
Set.	1.840	1.682	1.771	1.613
Out.	2.216	1.613	1.771	1.168
Nov.	2.210	1.168	1.771	729
Dez.	2.500	729	1.771	0
Total				5.234

Fazendo uma análise da demanda acumulada em relação ao estoque final acumulado obtido para cada período, podemos perceber que, em alguns meses, a empresa de sorvetes não conseguiu atender a todos os pedidos. O Gráfico 3.2

ilustra que em alguns momentos a linha da demanda ficou acima da linha da produção, o que significa que nesses meses os pedidos não foram atendidos.

Gráfico 3.2 – Comparação entre a demanda e a produção

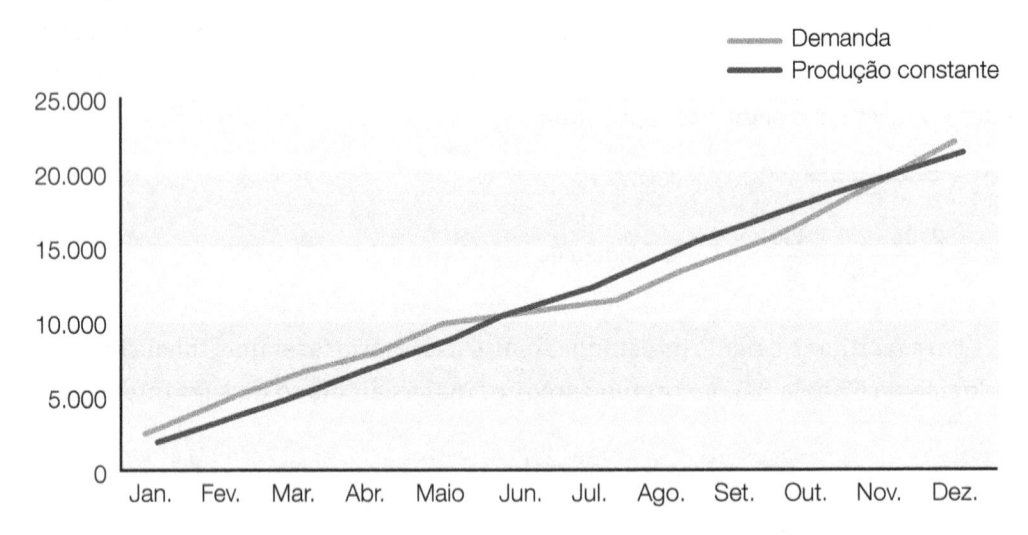

Como o nosso objetivo é que os pedidos sejam entregues em todos os meses, precisamos ajustar o nosso plano. Para tanto, temos algumas alternativas sem alterar a produção constante. Inicialmente, podemos somar ao estoque inicial (400 unidades) o maior valor negativo obtido no primeiro plano (677 unidades) – isto é, pegamos o pior mês como parâmetro. Dessa forma, garantimos que os pedidos serão entregues em todos os meses. Note que os estoques automaticamente são aumentados (Tabela 3.4).

Tabela 3.4 – Ajuste do plano da segunda alternativa

Mês	Demanda	EI	Produção	EF
Jan.	2.150	1.077	1.771	698
Fev.	2.350	698	1.771	119
Mar.	1.890	119	1.771	0
Abr.	1.400	0	1.771	371
Maio	1.650	371	1.771	492
Jun.	1.000	492	1.771	1.263
Jul.	1.196	1.263	1.771	1.838
Ago.	1.250	1.838	1.771	2.359
Set.	1.840	2.359	1.771	2.290
Out.	2.216	2.290	1.771	1.845
Nov.	2.210	1.845	1.771	1.406
Dez.	2.500	1.406	1.771	677
Total				13.358

Para uma terceira alternativa, vamos supor que podemos terceirizar parte da produção e também pagar horas extras para os funcionários. Além disso, vamos calcular o estoque médio (EM) e o seu custo estimado (Tabela 3.5).

Tabela 3.5 – Terceira alternativa de ajuste

Mês	D	EI	P	Hora extra	Terceiros	EF	EF ajustado	EM	Custo EM (R$)
Jan.	2.150	400	1.771	0	0	21	21	211	316
Fev.	2.350	21	1.771	100	458	−558	0	11	16
Mar.	1.890	0	1.771	100	19	−119	0	0	0
Abr.	1.400	0	1.771	0	0	371	371	186	278
Maio	1.650	371	1.771	0	0	492	492	432	647
Jun.	1.000	492	1.771	0	0	1.263	1.263	878	1.316
Jul.	1.196	1.263	1.771	0	0	1.838	1.838	1.551	2.326
Ago.	1.250	1.838	1.771	0	0	2.359	2.359	2.099	3.148
Set.	1.840	2.359	1.771	0	0	2.290	2.290	2.325	3.487
Out.	2.216	2.290	1.771	0	0	1.845	1.845	2.068	3.101
Nov.	2.210	1.845	1.771	0	0	1.406	1.406	1.626	2.438
Dez.	2.500	1.406	1.771	0	0	677	677	1.042	1.562
Total	**21.652**		**21.252**	**200**	**477**		**12.562**	**12.424**	**18.635**

Nessa alternativa, atendemos plenamente à demanda e, nos meses em que a nossa capacidade não é suficiente, contratamos terceiros e utilizamos o tempo limite de hora extra dos funcionários, que totalizam no final do mês a produção de mais 100 unidades. Note que o estoque total (12562) do ano caiu em relação à segunda alternativa, mas ainda permanece elevado.

Se os recursos disponíveis e previstos não forem suficientes, mais recursos deverão ser planejados ou o plano deverá ser reduzido.

3.4 Planejamento mestre no sistema de produção em massa

Ainda no nível de médio prazo de planejamento, ocorre o desagregamento do planejamento tático (ou agregado) da produção, isto é, elabora-se um planejamento mestre da produção (PMP), o qual contém informações específicas sobre os produtos acabados em cada período analisado, normalmente medido em semanas. Esse plano é a base para o estabelecimento de relações com as diferentes unidades dentro da organização (Martins; Laugeni, 2005). Esse planejamento faz o vínculo entre o planejamento de longo prazo (planejamento estratégico da produção) e a programação da produção, que ocorre no nível do planejamento operacional.

A partir desse plano, a empresa começa a assumir compromissos de montagem dos produtos acabados, de fabricação de partes manufaturadas interna ou externamente e de compra dos itens oriundos de fornecedores externos (Tubino, 2009). Nessa fase, é fundamental a participação de diferentes agentes da organização, como o pessoal das áreas de finanças, *marketing*, compras, gestão de recursos humanos, entre outras.

O planejamento mestre da produção pode ser dividido em quatro fases (Tubino, 2009):

1. **Fase congelada:** É a mais próxima para ser realizada. Essa fase não deve ser modificada, pois o setor produtivo já está sendo organizado para atender a essa demanda e os fornecedores já estão com os pedidos.
2. **Fase firme:** Nessa fase, ainda é possível ocorrerem mudanças de caráter excepcional, apesar de os pedidos já estarem com os fornecedores, que estão organizando as entregas.
3. **Fase cheia:** A capacidade do sistema produtivo já foi alocada aos pedidos, e as mudanças podem afetar os custos de produção.
4. **Fase aberta:** A capacidade produtiva ainda está sendo alocada. Novos pedidos podem ser adicionados neste intervalo.

Figura 3.5 – Fases do planejamento mestre da produção

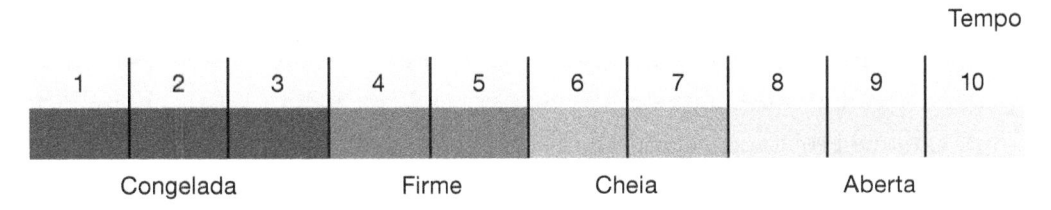

```
                                                              Tempo
  1  |  2  |  3  |  4  |  5  |  6  |  7  |  8  |  9  |  10
  ████████████████    ██████████    ░░░░░░░░░░    ░░░░░░░░░░
     Congelada          Firme          Cheia         Aberta
```

Fonte: Adaptado de Tubino, 2009.

Exercício resolvido

Continuando com o exemplo da fábrica de sorvetes discutido no plano tático da produção, vamos considerar que, para o mês de janeiro, a previsão de demanda foi feita com base nos valores da Tabela 3.6. Lembre-se de que, no planejamento mestre da produção, existe a desagregação dos itens, isto é, no plano aparecem as quantidades por tipo de produto!

Tabela 3.6 – Previsão de demanda

		Janeiro			
		S1	S2	S3	S4
	Previsão				2150
Previsão de vendas	Sorvete de chocolate	120	100	150	160
	Sorvete de morango	100	130	200	150
	Sorvete de uva	150	100	80	100
	Sorvete de maracujá	120	150	140	200

Agora, precisamos saber quais são os pedidos já confirmados pelos clientes (pedidos firmes) que a empresa possui até o momento. Como esses pedidos normalmente são feitos perto do prazo de entrega dado pelo fornecedor, é difícil a empresa ter pedidos firmes para um longo período de tempo. A Tabela 3.7 mostra os pedidos firmes para cada uma das semanas de janeiro.

Tabela 3.7 – Pedidos firmes

		Janeiro			
		S1	S2	S3	S4
Pedidos firmes	Sorvete de chocolate	80	150	60	0
	Sorvete de morango	100	80	40	0
	Sorvete de uva	80	130	80	0
	Sorvete de maracujá	200	150	30	0

Outro item importante do PMP é o cálculo do estoque projetado (EP) do plano. É necessário conhecer o estoque inicial (EI), a previsão de demanda (P) e os pedidos firmes (PF), bem como os lotes de produtos a serem entregues (L) para podermos calcular o estoque projetado para cada período.

O estoque projetado é calculado por meio da seguinte fórmula:

$$EP = EI + L - P$$

Como estamos falando do PMP aplicado à produção em massa, não podemos esquecer que a produção é focada no armazenamento, isto é, os produtos estão estocados e o cliente pode comprá-los imediatamente, pois se encontram disponíveis nas prateleiras.

A Tabela 3.7 ilustra os cálculos realizados para atender plenamente à demanda e aos pedidos firmes do período considerado.

Dessa forma, para calcularmos o estoque projetado (EP), devemos considerar os dados da previsão da demanda e substituir a previsão de demanda pelos pedidos firmes quando eles são maiores do que a previsão. É o que ocorre com o sorvete de maracujá na semana 1 e com o sorvete de uva na semana 2. Fazemos isso para evitar que os pedidos não sejam atendidos.

Assim, para calcular os valores dos pedidos firmes da Tabela 3.7, seguimos a seguinte lógica:

$EP = EI + L - P$
$EPchoc(s1) = 0 + 0 - 120 = -120$ un
$EPmor(s1) = 70 + 0 - 100 = -100$ un
$EPuva(s1) = 0 + 0 - 150 = -150$ un
$EPmara(s1) = 0 + 0 - 200 = -200$ un

Note que, para calcular o estoque projetado do sorvete de morango, devemos considerar que existem 70 unidades em estoque, dado informado pela área de gestão de estoques da empresa.

Para calcular o valor do EP do sorvete de maracujá, tivemos que considerar o valor 200, referente ao pedido firme do período, já que esse valor é maior do que a demanda prevista. O mesmo ocorre para o sorvete de uva na semana 2.

Para as demais semanas, precisamos considerar como estoque inicial o valor da semana anterior, da seguinte forma:

EP = EI + L − P
EPchoc(s2) = −120 + 0 − 100 = −220 un
EPmor(s2) = −80+ 0 − 130= −210 un
EPuva(s2) = −150+ 0 − 130= −280 un
EPmara(s2) = −2000+ 0 − 150= −350 un

Tabela 3.8 – Estoque projetado

		Janeiro			
		S1	S2	S3	S4
	Previsão	2150			
Estoque	Sorvete de morango (70 unidades)				
Previsão de vendas	Sorvete de chocolate	120	100	150	160
	Sorvete de morango	100	130	200	150
	Sorvete de uva	150	100	80	100
	Sorvete de maracujá	120	150	140	200
Pedidos firmes	Sorvete de chocolate	80	150	60	0
	Sorvete de morango	100	80	40	0
	Sorvete de uva	80	130	80	0
	Sorvete de maracujá	200	150	30	0
Estoque projetado	Sorvete de chocolate	−120	−220	−370	−530
	Sorvete de morango	80	−210	−410	−560
	Sorvete de uva	−150	−280	−360	−460
	Sorvete de maracujá	−200	−350	−490	−690

Agora, precisamos considerar quando os lotes de produtos deverão ser entregues.

A empresa estabeleceu que o seu ponto de reposição é de 300 unidades por pedido. Dessa forma, precisamos calcular quando cada lote deverá estar disponível, bem como recalcular os estoques a fim de identificar se todos os pedidos poderão ser entregues dentro do período necessário.

Como todo o estoque projetado para a primeira semana está negativo, precisamos receber um lote de cada produto (300 unidades) para atender à demanda. Com isso, podemos recalcular o estoque (ER) utilizando a mesma fórmula:

$$ER = EI + L - P$$

Devemos lembrar que, para o sorvete de morango, precisamos considerar o estoque inicial de 70 unidades mais o lote entregue, da seguinte forma:

ER = EI + L − P
ER = 70 + 300 − 100 = 270 un

Observando o estoque recalculado do sorvete de maracujá para a segunda semana, podemos identificar que haverá a necessidade de receber mais um lote de produtos, porque o estoque de 100 unidades da semana anterior não será suficiente para atender à demanda de 150 unidades. Recebendo um segundo lote, o estoque recalculado passará para 250 unidades.

Tabela 3.9 – Estoque recalculado

		Janeiro			
		S1	S2	S3	S4
	Previsão	2150			
Estoque	Sorvete de morango (70 unidades)				
Previsão de vendas	Sorvete de chocolate	120	100	150	160
	Sorvete de morango	100	130	200	150
	Sorvete de uva	150	100	80	100
	Sorvete de maracujá	120	150	140	200
Pedidos firmes	Sorvete de chocolate	80	150	60	0
	Sorvete de morango	100	80	40	0
	Sorvete de uva	80	130	80	0
	Sorvete de maracujá	200	150	30	0
Estoque projetado	Sorvete de chocolate	−120	−220	−370	−530
	Sorvete de morango	−80	−210	−410	−560
	Sorvete de uva	−150	−280	−360	−460
	Sorvete de maracujá	−200	−350	−490	−690
Lotes a serem entregues	Sorvete de chocolate	300			
	Sorvete de morango	300			
	Sorvete de uva	300			
	Sorvete de maracujá	300	300		
Estoque recalculado	Sorvete de chocolate	220	70	10	
	Sorvete de morango	270	190	150	
	Sorvete de uva	220	90	10	
	Sorvete de maracujá	100	250		

Podemos observar que, no curto prazo, a maior parte do estoque está comprometida para poder atender à previsão de demanda e aos pedidos firmes. Isto é, fazendo o PMP com base na previsão de demanda, a empresa poderá atender os clientes adequadamente e aceitar pedidos em um horizonte muito curto, contanto que não ultrapasse a demanda prevista, pois a produção considerará o estoque gerado pela diferença entre a demanda e os pedidos firmes.

3.5 Programação da produção no sistema de produção em massa

No horizonte de curto prazo, normalmente medido em dias, é necessário conhecer o que se deve produzir, quanto é necessário e quando será preciso produzir cada um dos produtos já comercializados pela empresa. Para tanto, é necessário elaborar a programação da produção e realizar a alocação das equipes de trabalho (Tubino, 2009). Esse plano é baseado no plano mestre da produção e tem como resultado principal a emissão de ordens de compra de insumos e de ordens de fabricação ou de montagem de itens.

Na fase de programação da produção ocorre a administração de materiais e estoques, o sequenciamento, a emissão e a liberação das ordens de produção.

3.5.1 Árvore do produto

Um item fundamental da programação da produção em massa é a árvore do produto, que é o detalhamento de cada um de seus componentes, a fim de permitir o cálculo das quantidades de materiais e da mão de obra necessária para fabricar a totalidade de cada pedido de compra. A árvore do produto apresenta, com base no sistema de montagem, todos os componentes necessários para montar o referido produto.

Vamos considerar a caneta da figura a seguir para falar sobre a árvore do produto. Primeiramente, precisamos conhecer todas as partes da caneta com as suas quantidades.

Figura 3.6 – Representação das peças da caneta

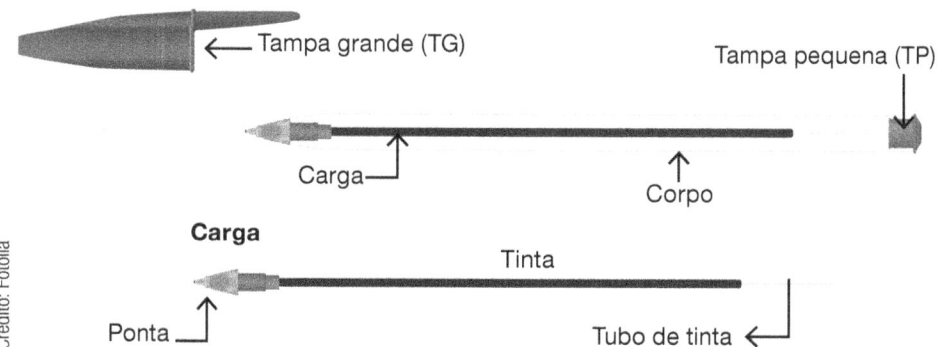

A árvore do produto possui diferentes níveis. O nível zero refere-se ao produto pronto. Os demais níveis representam as diferentes peças do produto considerando a sua lógica de montagem. Note que a quantidade necessária de cada parte do produto também aparece na árvore (Figura 3.7).

Figura 3.7 – Representação da árvore simplificada da caneta

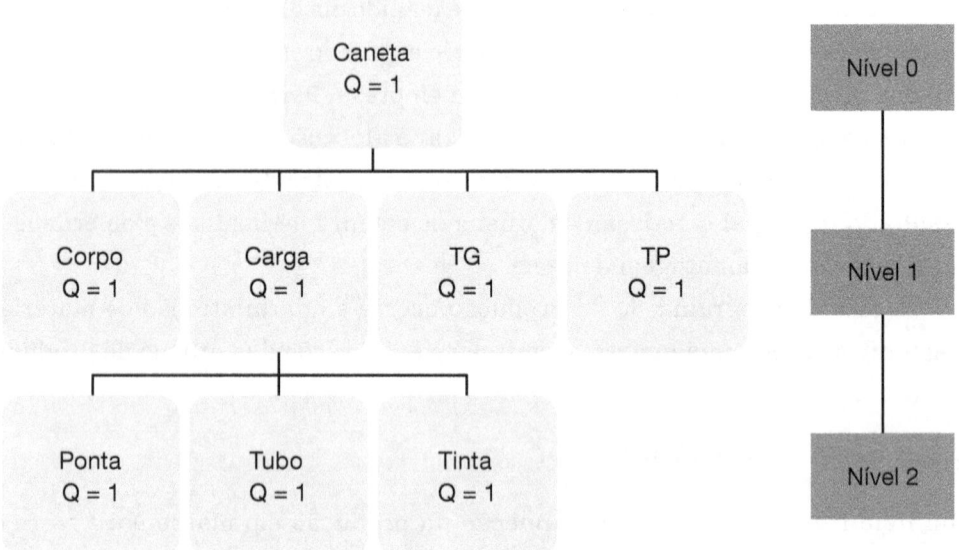

Devemos abrir a árvore do produto até o nível em que aparecem os elementos que a empresa irá produzir. Por exemplo, se a fabricante de canetas for comprar a ponta, o tubo e a tinta de fornecedores, a árvore pode ser detalhada até o nível 2. Caso se deseje fazer a análise do ciclo de vida físico do produto ou se a empresa fabricar cada elemento que compõe a caneta por meio do beneficiamento da matéria-prima original, é possível inserir mais níveis na árvore do produto.

Com a árvore, podemos calcular a quantidade de recursos necessários para a fabricação de um determinado produto. Entretanto, esse trabalho deve ser realizado com o auxílio de diferentes sistemas de informação, os quais visam atender às demandas da área de produção bem como integrar as informações oriundas da produção com os demais setores da empresa.

3.5.2 Os sistemas de informação na programação da produção

A fim de atender às crescentes demandas das diferentes unidades organizacionais, em especial à área de produção, os sistemas de informação evoluíram ao longo do tempo. Na década de 1970, surgiu o sistema MRP (*Material*

Requirements Planning), com a finalidade de resolver questões específicas de gestão de materiais da área de produção. Na década de 1980, surgiu o sistema MRP II (*Manufacturing Resources Planning*), para tratar de questões relativas à programação de equipamento e mão de obra, além de possibilitar a geração de informações da produção para a área financeira. Na década de 1990, surgiu o ERP (*Enterprise Resource Planning*), com o objetivo de integrar as informações dos diferentes setores da organização em um único sistema (Figura 3.8).

Figura 3.8 – Evolução dos sistemas de informação

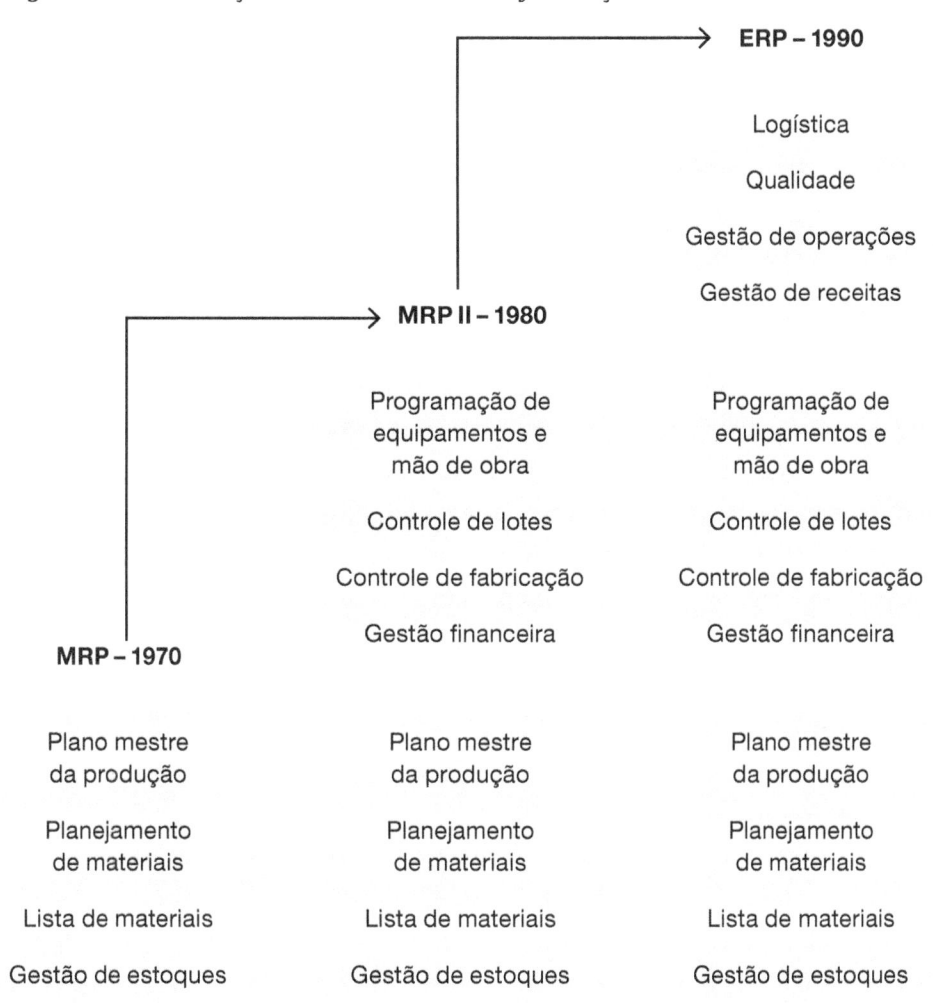

MRP – 1970	MRP II – 1980	ERP – 1990
		Logística
		Qualidade
		Gestão de operações
		Gestão de receitas
	Programação de equipamentos e mão de obra	Programação de equipamentos e mão de obra
	Controle de lotes	Controle de lotes
	Controle de fabricação	Controle de fabricação
	Gestão financeira	Gestão financeira
Plano mestre da produção	Plano mestre da produção	Plano mestre da produção
Planejamento de materiais	Planejamento de materiais	Planejamento de materiais
Lista de materiais	Lista de materiais	Lista de materiais
Gestão de estoques	Gestão de estoques	Gestão de estoques

Fonte: Adaptado de Martins; Laugeni, 2005.

O MRP (*Material Requirements Planning*), que em português significa *Planejamento de Recursos Materiais*, é um sistema que auxilia as empresas no cálculo do volume de materiais (matéria-prima) necessário para a linha de produção. Quando o MRP se expande para além do cálculo das necessidades de material, torna-se o MRP II (*Manufacturing Resources Planning*), ou *Planejamento dos Recursos de Manufatura*, e nessa versão é possível determinar, além dos materiais, as necessidades de outros recursos de manufatura, como equipamentos e mão de obra, representando um sistema integrado de gestão da produção (Corrêa; Gianesi; Caon, 1997).

Mesmo com vários recursos para o gerenciamento do PCP, sozinho sua atuação fica limitada a ambientes produtivos que apresentam alto grau de complexidade em termos de programação detalhada de fábrica.

Para melhor atender a essa dificuldade, foram desenvolvidos os sistemas de programação com capacidade finita, que têm a característica principal de considerar a capacidade produtiva e as características tecnológicas do sistema produtivo (Severo Filho, 2006).

O ERP (*Enterprise Resources Planning*), ou *Planejamento dos Recursos da Empresa*, é um exemplo desse tipo de sistema, pois engloba as funcionalidades do MRP II, isto é, agrega módulos que contribuem de forma significativa para o planejamento e controle da organização, tais como distribuição física, custos, finanças e recursos humanos.

O ERP é um modelo de gestão corporativo baseado num sistema de informação. Tem o objetivo de promover a integração entre os processos de negócios da organização e fornecer elementos para as decisões estratégicas. Ele facilita o fluxo de informações dentro da empresa, integrando diferentes funções – manufatura, logística, projetos, finanças, recursos humanos, engenharia etc. – e utiliza uma única plataforma de dados em um único ambiente computacional.

Os ERPs mais comuns no Brasil são comercializados pelas empresas SAP, Oracle, Datasul e Microsiga. A seguir, veremos na prática como é a lógica de funcionamento dos sistemas MRP e MRP II.

Exercício resolvido

Suponha que o produto de uma determinada empresa está representado na árvore do produto da Figura 3.9. Para calcularmos a quantidade de elementos necessários para produzir o produto A, precisamos calcular as quantidades dos elementos B, C, D, E, F e G.

O cálculo das quantidades de materiais sempre deve ocorrer iniciando pelo nível zero, porque os demais elementos dependem da quantidade do produto A. Suponha que a empresa recebeu um pedido de 12 unidades do produto A. Quanto será necessário produzir de cada subproduto?

Vamos aos cálculos!

A = 12 un
B = QA · QB = 12 · 2 = 24 un
D = QB · QD = 24 · 2 = 48 un
E = QB · QE = 24 · 1 = 24 un
C = QA · QC = 12 · 1 = 12 un
F = QC · QF = 12 · 3 = 36 un
G = QC · QG = 12 · 2 = 24 un

Figura 3.9 – Árvore do produto

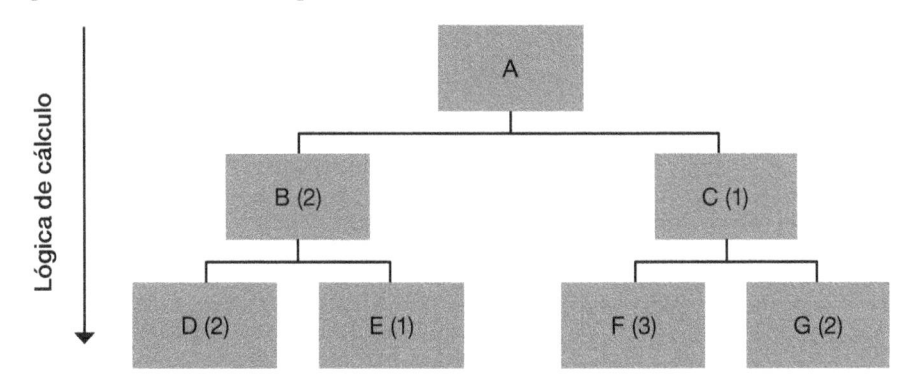

```
                        A
                ┌───────┴───────┐
              B (2)           C (1)
             ┌──┴──┐         ┌──┴──┐
           D (2)  E (1)    F (3)  G (2)
```

Lógica de cálculo ↓

Perceba que existe uma relação direta entre os elementos, isto é, para produzir um produto A, serão necessários dois subprodutos B, que, por sua vez, necessitarão de dois subprodutos D e um subproduto E.

Não podemos multiplicar a quantidade de A pela quantidade de D ou E diretamente, pois dessa forma não chegaremos à quantidade necessária de componentes para poder entregar o pedido.

Podemos também incluir na nossa árvore do produto as quantidades necessárias referentes ao tempo relativo à mão de obra e aos equipamentos. Para tanto, basta agregar a cada elemento da árvore as informações desses recursos, conseguindo, com isso, estruturar a lógica de um sistema MRP II.

Figura 3.10 – Árvore com tempos de mão de obra

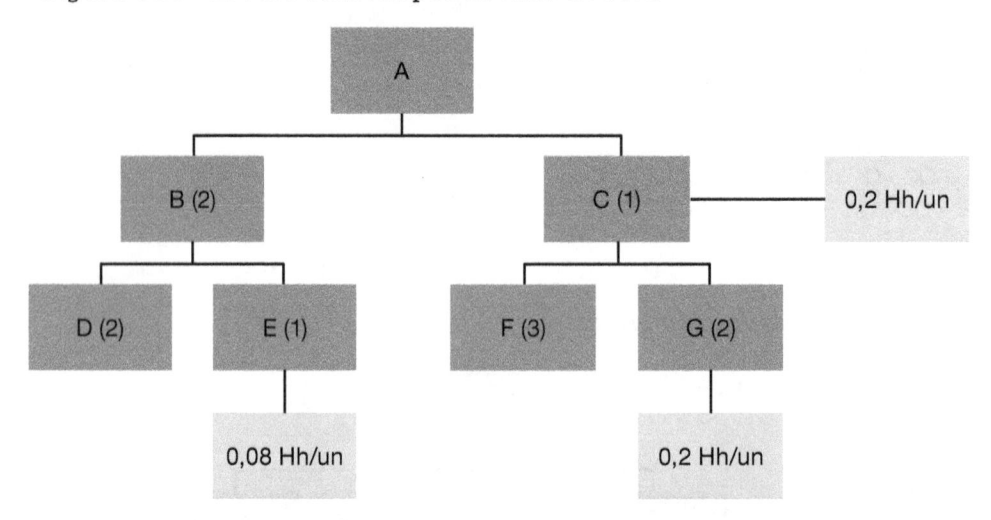

```
                          A
            ┌─────────────┴─────────────┐
          B (2)                       C (1) ───── 0,2 Hh/un
        ┌───┴───┐                   ┌───┴───┐
      D (2)   E (1)               F (3)   G (2)
                │                           │
            0,08 Hh/un                  0,2 Hh/un
```

Para calcular a quantidade de tempo da mão de obra, basta multiplicar a carga horária pela quantidade relativa ao componente. No nosso exemplo, seria necessário disponibilizar 11,33 Hh (1,92 + 4,61 + 4,8) para a confecção dos elementos do produto.

Homem-hora (Hh) é uma unidade de medida calculada a partir da capacidade de trabalho de um indivíduo no intervalo de tempo de uma hora.

$E = QB \cdot QE = 24 \cdot 1 = 24 \cdot 0,08 = 1,91$ Hh
$C = QA \cdot QC = 12 \cdot 1 = 12 \cdot 0,2 = 4,61$ Hh
$G = QC \cdot QG = 12 \cdot 2 = 24 \cdot 0,2 = 4,8$ Hh

Podemos apontar como vantagens do MRP II a possibilidade de programar a produção e as compras e de contratar e demitir funcionários. Além disso, é possível obter o custo detalhado de cada produto, reduzindo dessa forma a existência e a influência de outros sistemas informais.

Outra informação necessária e importante para se programar a produção é saber quando cada elemento será necessário para possibilitar a montagem e, posteriormente, a entrega do produto. Para tanto, precisamos da árvore do produto e também do tempo necessário para entregar cada um dos componentes para a montagem do subproduto seguinte.

Suponha que a empresa necessite dos tempos da Tabela 3.10 para entregar cada um dos elementos da nossa árvore exemplo. Em quanto tempo conseguiremos entregar o produto pronto?

Tabela 3.10 – Tempos de entrega

Componente	Tempo (dias)
A	1
B	2
C	2
D	3
E	1
F	4
G	1

Vale lembrar que nesses tempos de entrega estão incluídos os tempos de produção e os tempos de transporte, inspeção, espera, armazenamento, entre outros, os quais, dependendo do tamanho do lote, podem ser alterados.

Em relação ao nosso exemplo, podemos visualizar na Figura 3.11 que somente na oitava semana o produto A estará ponto para entrega. Precisamos utilizar a árvore do produto para identificar o tempo necessário para entregar o produto pronto. Dessa forma, podemos dizer que o tempo mínimo para entregar o produto A é de sete semanas. Essa informação é muito importante para a área de vendas e também para a área de compras da empresa.

Figura 3.11 – Previsão de demanda

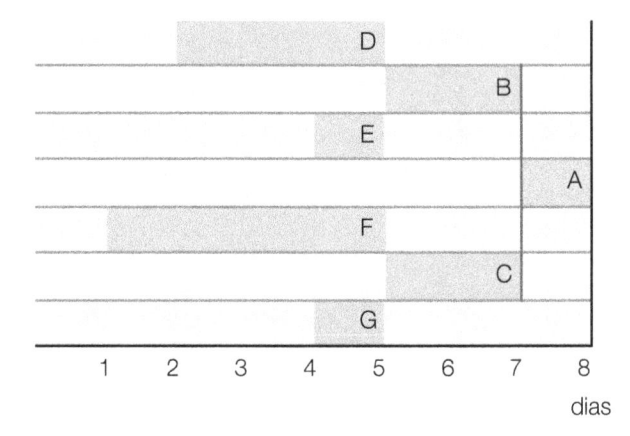

De forma geral, a programação da produção possibilitará a administração dos estoques, mostrando o sequenciamento entre as atividades que envolvem a fabricação de cada um dos elementos do produto e possibilitando a emissão de ordens de fabricação, de montagem e de compra de materiais (Figura 3.12).

Figura 3.12 – Abrangência da programação da produção

- **Programação da produção**
  Planejamento de curto prazo
  - Gestão de estoques
  - Sequenciamento
  - Emissão de ordens
    - Fabricação
    - Montagem
    - Compras

3.6 Sequenciamento da produção

As regras de sequenciamento não têm o objetivo de manter a eficiência em todas as situações. Isso vai depender da estratégia adotada pela empresa para priorizar os pedidos. Basicamente, podemos dizer que as regras de sequenciamento do Quadro 3.1 são as mais utilizadas dentro dos sistemas produtivos em lotes.

Quadro 3.1 – Regras de sequenciamento

Sigla	Especificação	Definição
PEPS	Primeiro que entra é o primeiro que sai	Os produtos serão produzidos de acordo com a ordem de chegada
MTP	Menor tempo de processamento	Os produtos serão produzidos seguindo o menor tempo de processamento
MDE	Menor data de entrega	Os produtos serão produzidos de acordo com o menor tempo de entrega
IPI	Índice de prioridade	Os produtos serão produzidos seguindo a prioridade dada ao cliente ou ao produto
ICR	Índice crítico	O produto será produzido de acordo o menor valor referente à relação entre a data de entrega e a data atual e o tempo de processamento
IFO	Índice de folga	O produto será produzido de acordo com o menor valor entre a relação da data de entrega menos a somatória do tempo de processamento restante e o número de operações restantes
IFA	Índice de falta	O produto será produzido de acordo com o menor valor entre a relação da quantidade em estoque e da taxa de demanda

Fonte: Adaptado de Martin; Laugeni, 2005.

Por exemplo, João chegou à lavanderia para entregar um lote de roupas para serem lavadas e passadas e perguntou quando poderá buscá-las. A atendente disse que existem outros lotes na frente dele e terá de verificar o sistema para informar a data de entrega.

O sistema de informação da lavanderia trabalha com a regra de sequenciamento PEPS e considera que, para lavar e secar, o tempo de entrega é de um dia. Já para passar é necessário mais um dia. O sistema mostrou a planilha mostrada a seguir para a atendente.

Tabela 3.11 – Datas de entrega

Data de chegada	Ordem de serviço	Lavar e secar	Passar	Data de entrega
12	321	x	x	14
12	322	x		13
13	323	x		14
14	324	x	x	15

Observando a planilha da Tabela 3.11, a atendente informou que o pedido de João poderia ser entregue no dia 15, pois eles estavam no dia 14 pela manhã e ainda não tinham ultrapassado o limite de entregas do dia 15.

3.7 A gestão de estoques no sistema de produção em massa

Uma boa gestão de estoques é importante para todas as organizações, porque os estoques representam o maior comprometimento dos recursos monetários. Os estoques afetam diretamente as operações diárias de uma empresa.

A filosofia tradicional JIC tem como objetivo principal o aumento da rentabilidade por meio da produção em larga escala. Uma das consequências desse sistema de produção é a geração de estoques: estoque de matéria-prima, estoque de produto em processo (itens parcialmente acabados) e estoque de produtos acabados. A gestão desses estoques é fundamental para que o sistema de produção em massa seja viável.

Uma primeira decisão que precisamos tomar diz respeito ao tamanho do lote que será fabricado a fim de garantir o mínimo custo para a fabricação dos produtos. O ponto de mínimo custo do sistema de produção ocorrerá quando os dois custos (custo financeiro e custo para efetuar a compra) forem iguais para a quantidade representada pelo lote econômico.

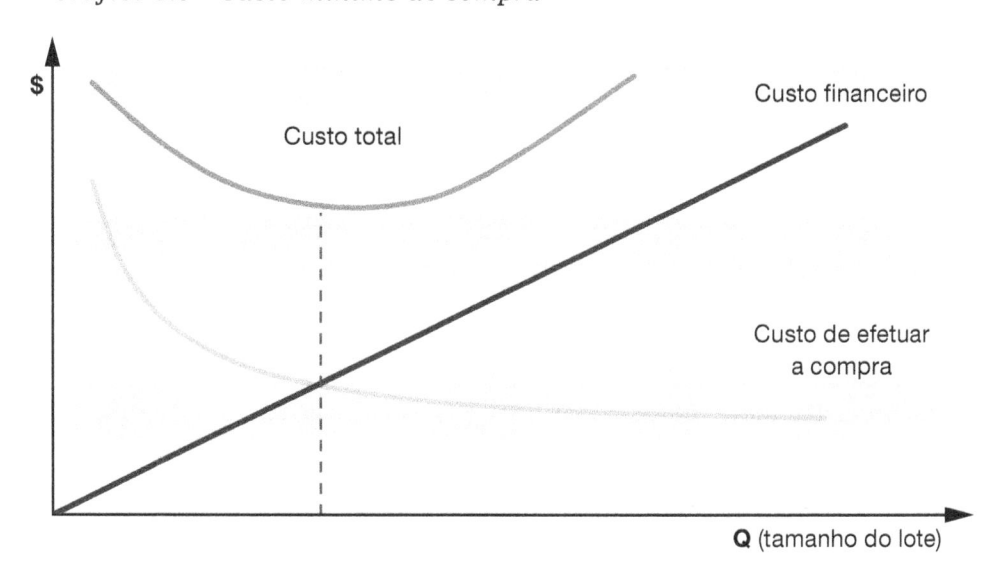

Gráfico 3.3 – Custo mínimo de compra

Um sistema de gestão de materiais deve responder basicamente a duas perguntas: **quando** repor e **quanto** repor. Para atender a essa demanda, o sistema de produção em massa utiliza sistemas de reposição contínua, o modelo de lote padrão. Para isso, faz-se uso da noção de **lote econômico**, tanto para a fabricação quanto para a compra de materiais:

> Lote econômico é a quantidade ideal de material a ser adquirida em cada operação de reposição de estoque, onde o custo total de aquisição, bem como os respectivos custos de estocagem é mínimo para o período considerado. (Cauduro; Zucatto, 2011, p. 80)

Utilizando o tempo de reposição (L), a demanda do ponto de reposição (D) e o estoque de segurança (E), calcula-se um nível de estoque (R), com base no qual é emitida uma ordem para a reposição do estoque na quantidade Q, fixa ao longo do tempo, recomeçando o ciclo (Gráfico 3.4).

Gráfico 3.4 – Nível de estoque necessário

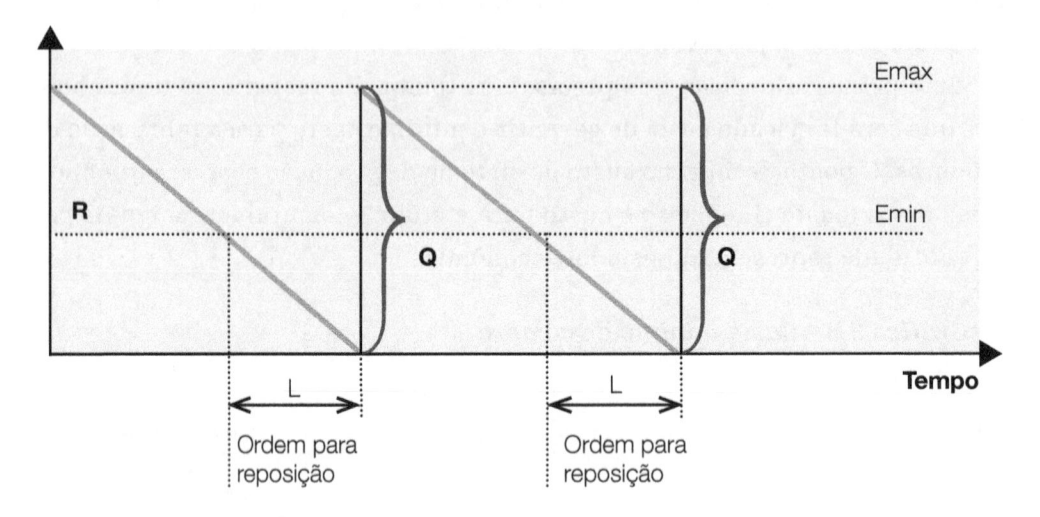

Quando a demanda (D) e o tempo de reposição (L) são constantes, calculamos o nível de estoque (R) pela expressão:

$$R = D \cdot L$$

Quando a demanda (D) e o tempo de reposição (L) não são constantes, o nível de estoque (R) é obtido pela expressão:

$$R = (\bar{D} \cdot \bar{L}) + E$$

Para calcularmos o lote econômico (LEC), precisamos do Custo Unitário comprado do Material (Cu), do custo para fazer um pedido de compra (CP), da demanda do item para o período considerado (D), do número de pedidos que devem ser feitos no período para atender a demanda (N), da taxa de juros do período (J), do estoque médio do período (Em) e da quantidade (Q):

$$Q = LEC = \sqrt{\frac{2 \cdot Cp \cdot D}{Cu \cdot J}}$$

Para calcular a quantidade de pedidos necessários a fim de atender à demanda, utilizamos a seguinte fórmula:

$$N = \frac{D}{LEC}$$

Exercício resolvido

Suponha que o consumo previsto de um determinado produto é de 10.000 unidades por ano. O departamento de compras informou que conseguiu com o fornecedor o produto por $ 5,00 no período de todo o ano e afirma que o custo de cada pedido será em torno de $ 50,00. Estimando que a taxa de juros simples anual ficará em torno de 11%, calcule o lote econômico e também quantos pedidos serão necessários para atender ao consumo previsto:

$Q = LEC = \sqrt{\dfrac{2 \cdot 50 \cdot 10000}{5 \cdot 0,11}}$

$Q = 1.348,40$ un/pedido

$N = \dfrac{D}{LEC}$

$N = \dfrac{10000}{1348,40} = 7,41$ pedidos

Adotar, por exemplo, sete pedidos ao ano com aproximadamente 1500 unidades cada um.

3.8 A gestão de compras na filosofia JIC

O departamento de compras de uma organização tem a responsabilidade de suprir as necessidades dos diferentes departamentos da empresa em relação à entrega de suprimentos na quantidade e na qualidade desejada e, de preferência, no momento correto (Burt; Pinkerton, 1996). Por isso, a gestão de compras tem um papel fundamental dentro do controle de suprimentos.

Stukhart (1995) refere-se à função de compras como um subsistema de gestão integrada que visa controlar, planejar e redirecionar esforços com o intuito de executar as seguintes funções:

- quantificação de materiais;
- elaboração de especificações;
- preparação de requisições, com documento de suporte que defina os materiais do projeto;
- qualificação e seleção de fornecedores;
- solicitação de cotações;
- avaliação e aprovação de cotações, negociações e formulação de pedidos ou contratos;
- disponibilização das informações necessárias (especificações, projetos, datas de entrega) aos fornecedores para assegurar a entrega segundo o cronograma;
- controle da qualidade para assegurar o atendimento às especificações;
- recebimento, inspeção, armazenagem e distribuição de materiais no canteiro;
- pagamento dos fornecedores.

É comum, dentro das organizações, direcionar os esforços para aprimorar funções que podem gerar lucro de forma direta para a empresa, como é o caso da função de vendas ou de produção (Arnold, 1999). Quanto à função de compras de materiais, grande parte das empresas pauta essa atividade nas necessidades imediatas do setor produtivo.

Salientamos que o direcionamento dos esforços para o aprimoramento da função de compras de materiais é de suma importância, já que essa medida pode se transformar em uma importante aliada da empresa na busca da competitividade e da lucratividade.

No sistema de produção em massa, a área de compras tende a trabalhar de forma reativa, pois é ativada conforme a necessidade da área de produção. Como as atividades operacionais de compras (cotação, contato com fornecedores, preenchimento de planilhas) são morosas, essa área normalmente não é bem vista pelos outros departamentos da empresa.

As atividades operacionais tendem a consumir grande parte do tempo dos compradores e pouco é realizado em relação às atividades estratégicas, como negociação em grandes lotes, fechamento de contratos e planejamento de compras (Santos, 2006).

Não podemos afirmar que todas as organizações trabalham dessa forma, mas a experiência mostra que existe uma tendência forte para que elas atuem de forma reativa (Santos; Jungles, 2008).

■ Síntese

A grande contribuição de Ford para a engenharia foi a criação das linhas de montagem, as quais buscam produzir produtos em larga escala visando à redução do custo unitário e, por consequência, do preço de venda no mercado. Um grande desafio para os gestores é o balanceamento do sistema produtivo, já que é difícil encontrar operações que tenham o mesmo tempo de processamento. Para tanto, é realizado o agrupamento das operações para tentar alcançar o melhor nível de eficiência para o sistema. Na produção em massa, o planejamento tático é realizado mantendo-se a necessidade de produção constante e buscando atender plenamente à demanda. No planejamento mestre da produção, os itens são desagregados e busca-se atender tanto aos pedidos firmes como também à demanda prevista, considerando que o sistema de produção em massa prevê a manutenção de estoques. A programação da produção é feita por meio do MRP II, que gera emissão de ordens de fabricação, de montagem e de compras. O lote econômico é utilizado para realizar a gestão de estoques visando identificar qual é o tamanho do lote de produção e compra mais interessante para chegar ao menor custo do produto.

■ Questões para revisão

1. A linha de montagem de eletroeletrônicos tem o processo representado de forma simplificada na figura a seguir. Sabendo que é preciso produzir 12 peças por hora e que cada trabalhador trabalha cerca de 50 minutos por hora, responda:

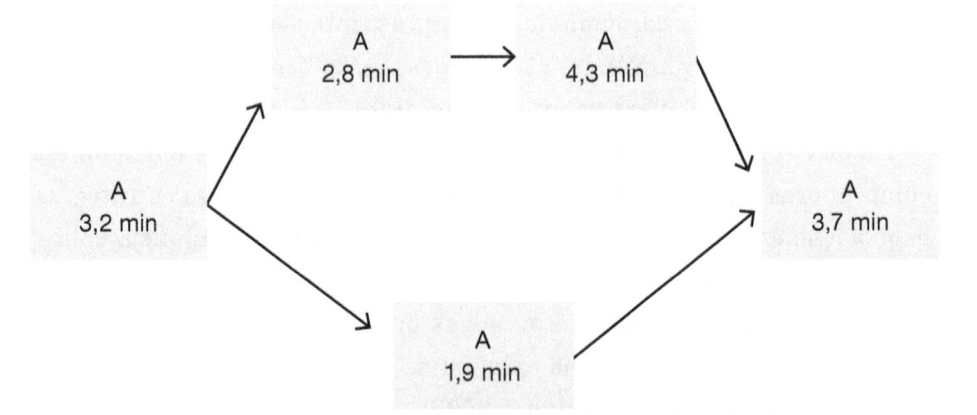

```
            A           A
          2,8 min  →  4,3 min
            ↗                ↘
    A                           A
  3,2 min                     3,7 min
            ↘                ↗
              A
            1,9 min
```

   a. O número teórico de operadores será igual a 4.
   b. O número real de operadores será igual a 5.
   c. A eficiência do balanceamento é de 89%.
   d. O número real de operadores será igual a 6.

2. A demanda anual de calçados da empresa Alfa é de 15.000 unidades. O custo para fazer um pedido é de $ 20,00 e a taxa de juros é de 15% ao ano. O fornecedor da empresa apresentou ao comprador a tabela de preços unitários de acordo com a quantidade adquirida. Qual das opções conduzirá ao custo mínimo?
   a. Lote de compra de 0 a 600 unidades com preço unitário de R$ 5,00.
   b. Lote de compra de 601 a 699 unidades com preço unitário de R$ 4,70.
   c. Lote de compra de 700 a 799 unidades com preço unitário de R$ 4,60.
   d. Lote de compra de mais de 700 unidades com preço unitário de R$ 3,80.

3. Em relação à produção em massa, podemos afirmar:
   a. É um exemplo de sistema de produção puxado.
   b. É baseada na divisão do trabalho dos operários.
   c. Seu fundador foi Frederick Taylor.
   d. Visa reduzir os desperdícios do sistema produtivo.

4. A empresa Brafet encomendou uma previsão de demanda de vendas de protetor solar para uma consultoria especializada e recebeu as informações que constam no quadro a seguir. A empresa sabe que possui capacidade máxima de 400 un/mês e não poderá deixar de atender seus clientes dentro de todo o período. Calcule os estoques de cada mês, seguindo a lógica do planejamento tático para a produção em massa, considerando que a Brafet possui estoque inicial de 20 unidades do produto, deseja entregar os pedidos e, ao final do período, ter ainda 100 unidades em estoque.

Mês	Demanda
Janeiro	2.500
Fevereiro	1.800
Março	1.200
Abril	700
Maio	650
Junho	620
Julho	800

5. Uma indústria que produz estojos escolares recebeu um pedido de 50 unidades do produto "A" representado na figura a seguir. Calcular o número de cada subproduto e a quantidade de mão de obra necessária para entregar o pedido. Utilize a lógica do MRP II.

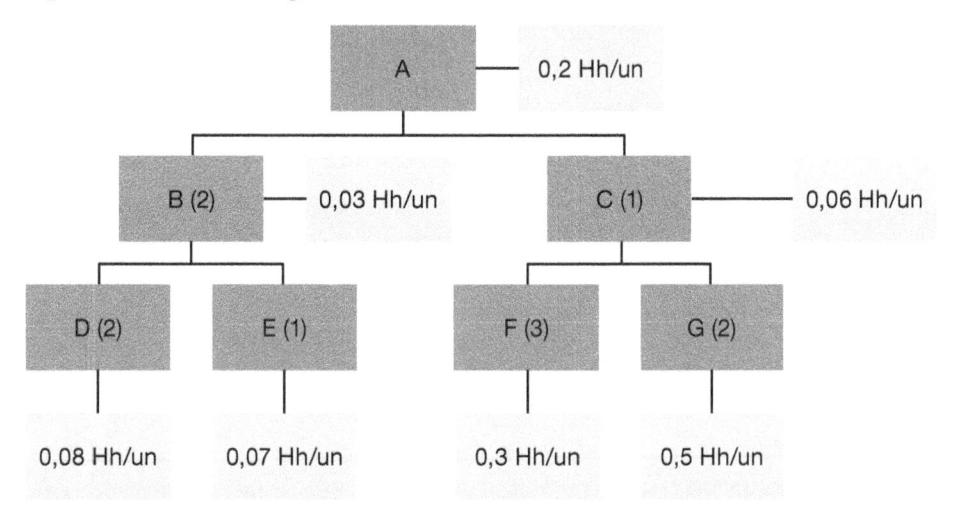

```
                    A ──── 0,2 Hh/un
                   ╱ ╲
              B (2) ──── 0,03 Hh/un     C (1) ──── 0,06 Hh/un
              ╱ ╲                        ╱ ╲
          D (2)  E (1)                F (3)  G (2)
           │      │                    │      │
       0,08 Hh/un 0,07 Hh/un       0,3 Hh/un 0,5 Hh/un
```

Considerando que os tempos necessários para entregar cada um dos subprodutos que compõem o produto "A" estão listados a seguir, calcule qual é o tempo necessário para poder entregar o lote do produto "A" no tempo "x".

Tempos de produção

A = 1 semana

B = 2 semanas

C = 1 semana

D = 1 semana

E = 2 semanas

F = 3 semanas

G = 2 semanas

■ Questões para reflexão

1. Em que condições o ERP é recomendado?
2. Em que casos deve ser utilizado o sistema de reposição contínua?
3. Qual deve ser o perfil do pessoal para trabalhar com compras?
4. Como avaliar o desempenho do sistema de produção em massa?

4 Sistema de produção em lotes

Conteúdos do capítulo
- *Capacidade do sistema produtivo.*
- *O planejamento estratégico na produção em lotes.*
- *O planejamento tático no sistema de produção em lotes.*
- *O planejamento mestre no sistema de produção em lotes.*
- *A programação da produção no sistema de produção em lotes.*
- *A gestão de estoques no sistema de produção em lotes.*
- *A função de compras de materiais no sistema de produção em lotes.*

Após o estudo deste capítulo, você será capaz de:
1. entender as características do sistema de produção em lotes;
2. calcular a capacidade de um sistema de produção em lotes;
3. entender como estruturar o planejamento estratégico, o planejamento mestre e a programação da produção no sistema de produção em lotes;
4. compreender a lógica da gestão de estoques no sistema de produção em lotes.

O Japão pós-Segunda Guerra Mundial era um país arrasado e sem recursos. Para a indústria japonesa, o sistema de produção em massa que vimos no capítulo anterior parecia inviável, porque exigia grandes investimentos em maquinário e porque havia uma grande dificuldade de obter retorno sobre esses investimentos (Santos, 2011).

No contexto daquela época, a empresa Toyota desenvolveu um sistema de produção particular que, com o passar do tempo, se mostrou muito mais eficaz do que o sistema de produção desenvolvido por Ford. O idealizador desse sistema é Taiichi Ohno (1912-1990), que foi presidente da Toyota nos anos 1940. Nos anos 1950, com a colaboração de Shigeo Shingo e de Edwards Deming, Ohno desenvolveu o sistema de produção em lotes, também conhecido como *Just in Time* (JIT), e sua maior descoberta, o sistema *kanban*.

Womack, Jones e Roos (1992) batizaram o sistema Toyota de *Lean Manufacturing* (manufatura enxuta), nome utilizado até os dias de hoje. Como era inviável ter grandes máquinas e produzir em grande escala, dada a falta de recursos, uma maneira de produzir carros seria estruturar pequenas fábricas próximas aos consumidores e fornecedores, a fim de gerar menor custo. Para isso, foram utilizadas máquinas menores, de menor custo, aperfeiçoadas para atender às necessidades da empresa. Além disso, pensou-se em oferecer a cada mercado produtos específicos, flexibilizando modelos para atender à demanda. Para conformar-se a esse requisito, desde a origem do sistema de produção em lotes, o objetivo era produzir em pequenos lotes para atender à demanda variável. Para tanto, era necessário que a mão de obra fosse flexível, isto é, capaz de trabalhar em diversos postos de trabalho, para atender a picos de demanda (Ohno, 1997). Dentro da produção em lotes, é o cliente que inicia o processo de produção, já que o sistema é acionado a partir do seu pedido.

Após a venda de um produto, desencadeia-se um sistema de informação que permite a reposição instantânea dos diversos componentes do produto em seus diferentes estágios de fabricação (Shingo, 1996). A última unidade de produção entregará o produto acabado aos consumidores, ao mesmo tempo (sincronizadamente) em que requisitará da unidade antecedente os componentes necessários para a fabricação do novo produto demandado, e assim sucessivamente, até a entrada das matérias-primas no início do processo (Figura 4.1).

Figura 4.1 – Sistema de produção em lotes

Na produção em lotes, procura-se continuamente encontrar os meios mais simples e baratos para planejar, programar e controlar o fluxo de materiais no processo de manufatura, a fim de produzir o que os consumidores querem, na proporção de consumo, com máxima qualidade, instantaneamente, sem desperdício e buscando métodos que permitam o desenvolvimento das pessoas (Womack; Jones; Ross, 1992).

4.1 A visão de processo no sistema de produção em lotes

Shingo (1996) propôs a visualização do processo produtivo através de dois eixos ortogonais de natureza distinta, que constituem aquilo que ele denomina *mecanismo da função de produção* (MFP). Segundo essa abordagem, um sistema de produção pode ser visto sob duas óticas básicas que permitem a observação e a análise dos fenômenos que ocorrem nesse ambiente: os processos e as operações. Shingo (1996, p. 37) adiciona que:

> O processo refere-se ao caminho pelo qual a matéria-prima é transformada em produto, consistindo basicamente em quatro fatores: processamento, inspeção, transporte e estocagem. As operações referem-se às ações efetuadas sobre o material que necessariamente são realizadas por pessoas ou equipamentos.

Dessa forma, o sistema produtivo pode ser decomposto em dois componentes: o fluxo de informações ou materiais no tempo e no espaço (processos); e o fluxo de trabalhadores e equipamentos no tempo e no espaço (operações). Esses dois componentes são vistos através de dois eixos principais, os quais se cruzam ao longo da produção (Figura 4.2).

Figura 4.2 – Componentes do sistema de produção em lotes

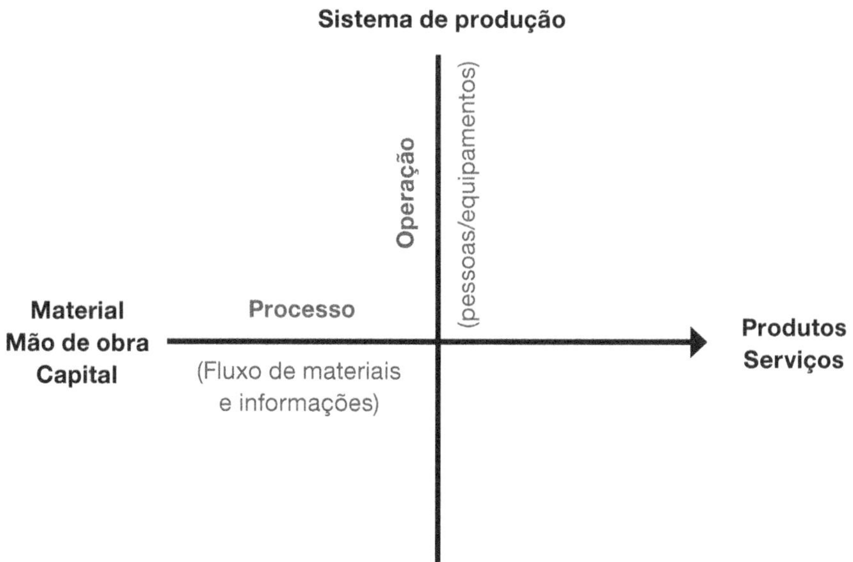

Nesse enfoque, a simples melhoria das operações não pode, por si só, assegurar as melhorias no processo ou no contexto global da produção. É necessário que os processos sejam alvo de análise, em busca de melhorias de eficiência da produção, por meio de ações direcionadas a eles para que posteriormente sejam investidos esforços nas operações (Womack; Jones; Ross, 1992).

Por exemplo, se em uma empresa existem desperdícios intrínsecos ao processo, a implantação de um novo sistema de informações não eliminará os problemas inerentes ao processo produtivo, somente irá mascará-los. Dessa forma, defendemos a ideia de que o gestor da produção deverá primeiramente focar os esforços para resolver o processo produtivo. Depois de eliminar os desperdícios, deve-se melhorar as operações.

No sistema de produção em lotes, existem basicamente sete tipos de desperdícios (Quadro 4.1): excesso de estoques; movimentações desnecessárias; superprodução; transporte; defeitos que geram retrabalho; processos desnecessários; e espera quando existe demanda (gerada pelo cliente) para produção.

Quadro 4.1 – Os sete desperdícios do sistema de produção em lotes

Estoque
Movimentos
Excesso de produção
Transporte
Defeitos
Processos desnecessários
Espera

Na análise dos processos que envolvem o sistema produtivo, busca-se constantemente identificar as atividades que efetivamente agregam valor (AV) ao produto, isto é, aquelas atividades que o cliente está disposto a pagar (Goldratt; Cox, 2003). As demais atividades (NAV) devem ser eliminadas porque são focos de desperdício do sistema produtivo. Também precisamos observar aquelas atividades que não agregam valor (NAV), mas que são importantes para a manutenção da qualidade, pois elas são necessárias para a perfeita organização do sistema produtivo.

Para identificar se existem desperdícios no sistema produtivo, precisamos observar se os estoques de matéria-prima, produtos semiacabados e produtos prontos são muito altos e se a sua movimentação é frequente. A baixa qualidade dos produtos e o tempo de fabricação (*lead time*) muito longo também são indícios de desperdícios, portanto, precisam ser eliminados (Ohno, 1997).

4.2 Capacidade do sistema produtivo

Dentro da filosofia JIT, entende-se que a capacidade do sistema produtivo está diretamente ligada à capacidade do gargalo, que é a operação com menor capacidade, assim chamada porque limita todo o sistema produtivo. É aquela que apresenta o maior volume de estoque intermediário (*WIP*, na sigla em inglês) e a maior fila (Goldratt; Cox, 2003).

Observando a Figura 4.3, podemos observar que o gargalo está na operação B. Por mais que a operação D ("venda do produto") tenha capacidade produtiva de 98 pç/h, eles só terão disponíveis as 60 peças que foram fabricadas na operação B.

Figura 4.3 – Identificação do gargalo do sistema produtivo

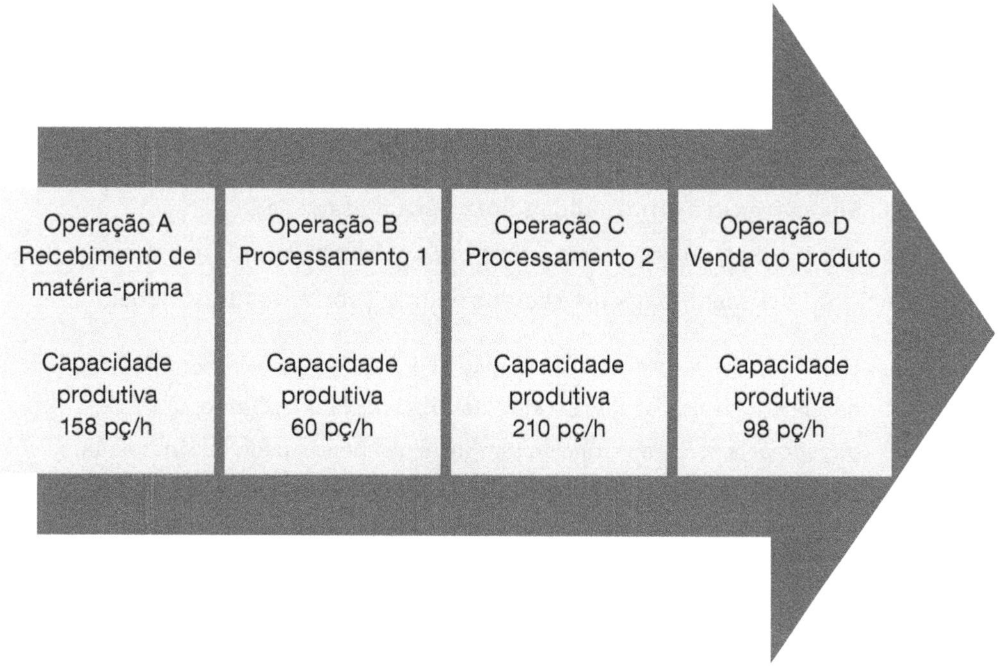

Operação A Recebimento de matéria-prima	Operação B Processamento 1	Operação C Processamento 2	Operação D Venda do produto
Capacidade produtiva 158 pç/h	Capacidade produtiva 60 pç/h	Capacidade produtiva 210 pç/h	Capacidade produtiva 98 pç/h

Assim, se desejamos aumentar a capacidade do sistema produtivo, precisamos investir na melhoria da capacidade dos gargalos (Goldratt; Cox, 2003).

Como existe uma dificuldade muito grande em conseguir o balanceamento do sistema produtivo, em virtude das diferenças de tempos entre as tarefas, na produção em lotes busca-se constantemente aumentar a capacidade do gargalo por meio da redução dos desperdícios dos tempos de produção, da melhoria da planta, da redução da ociosidade de mão de obra e de equipamentos (Womack; Jones; Roos, 1992).

Shingo (1996) afirma que no JIT o fluxo é baseado na demanda. Só se produz o que será entregue para o cliente. Quanto menor o lote, mais rápido o cliente é atendido. O JIT defende que os equipamentos devem ser utilizados de acordo com as necessidades.

O fluxo da produção deve estar alinhado para atender à demanda variável.

Na produção em lotes, a meta da organização deve ser aumentar o ganho. Para isso, os indicadores de desempenho mais importantes são o lucro líquido, o retorno sobre o investimento e o fluxo de caixa. Busca-se constantemente reduzir o inventário e os custos operacionais (Goldratt; Cox, 2003).

Goldratt e Cox (2003, p. 289) sugerem ainda a seguinte lógica para tratar dos gargalos:

    a. Identificar o gargalo.

    b. Descobrir como explorar ao máximo o gargalo.

    c. Todas as decisões posteriores devem estar subordinadas às decisões da etapa "b".

    d. Maximizar o gargalo para que um nível mais alto de desempenho possa ser obtido.

    e. Se o gargalo é eliminado, voltar para a etapa "a".

O método *Optimized Production Tecnology* (OPT) é um sistema algoritmo computacional utilizado para operacionalizar a Teoria das Restrições.

> No OPT o gargalo numa produção se torna o tambor da produção, batendo o ritmo para o restante da fábrica. Já o trabalho da linha é puxado pela corda no ritmo do tambor, e não pela capacidade instalada. Para que o sistema funcione adequadamente devem ser colocados amortecedores de estoque antes do gargalo para evitar que ele nunca pare de trabalhar. (Goldratt; Cox, 2003, p. 203)

4.3 Planejamento estratégico no sistema de produção em lotes

No sistema de produção em lotes, assim como nos demais sistemas que já vimos, o planejamento também pode ser representado em três níveis verticais: o planejamento estratégico, o tático e o operacional, conforme já foi ilustrado na Figura 1.3.

No planejamento estratégico, questões como a localização da fábrica e dos fornecedores e a organização do *layout* devem ser levadas em conta. O projeto do produto também deve ser planejado, buscando sempre a padronização da maior parte dos processos e possibilitando a customização do produto e a produção em pequenos lotes.

O planejamento estratégico realizado pela Toyota, também conhecido como *Hoshin Kanri*, que significa *gerenciamento* ou *desdobramento da política*, é focado na agregação de diferentes agentes da organização para estruturar um plano que possa estar alinhado à missão da empresa. Nesse processo de estruturação do planejamento estratégico, são privilegiadas as discussões entre diferentes agentes da empresa com a participação de clientes e fornecedores. Pelo processo de fazer perguntas, todas as ações que devem ser realizadas em diferentes níveis hierárquicos são registradas em um formulário, chamado *A3*, que tem a finalidade de condensar todas as ações e seus mecanismos de controle (Fujimoto, 1999).

> [O A3,] mais do que uma representação gráfica, trata-se de uma linguagem compartilhada que facilita a visualização das oportunidades de melhoramentos e também o processo de *nemawashi*, em que o grupo compartilha seu conhecimento e inicia o debate do que fazer, como fazer, quem fazer, quando e por quanto tempo. (Torres Junior, 2008, grifo do original)

Figura 4.4 – Exemplo de fomulário A3

Título:	
Background	**Recomendações**
Contexto histórico da empresa Identificação do problema Identificação dos requisitos do negócio	Ações propostas Contramedidas para conter a causa raiz
Situação atual	**Plano**
Fatos que mostrem onde e como estamos	Listagem das atividades necessárias para alcançar o objetivo Indicação dos responsáveis pelas atividades Indicação do prazo de realização de cada atividade
Análise	**Acompanhamento**
Identificação da causa raiz dos problemas Listagem das restrições atuais	Controlar as atividades visando identificar se estão atingindo o impacto desejado
Objetivo	
Ação que deve ser realizada para resolver o problema	

Fonte: Adaptado de Dennis, 2007.

Durante a realização do formulário A3, busca-se sempre envolver o pessoal do chão da fábrica, os fornecedores e os demais agentes da organização. É necessário verificar sempre se as ações previstas agregam valor para o cliente final e se não estarão gerando desperdícios ao longo do seu processo de execução.

4.4 Planejamento tático no sistema de produção em lotes

Na produção em lotes, também utilizamos o planejamento agregado. Dessa forma, a sequência que vimos na Seção 3.3 deste livro para a realização do plano tático da produção também pode ser utilizada aqui. Precisamos agrupar os produtos em famílias; estabelecer o período de tempo que será utilizado no plano; calcular a previsão da demanda dessas famílias para os períodos; no horizonte de planejamento, determinar a capacidade de produção pretendida por período; calcular os custos de cada alternativa de produção disponível; desenvolver planos de produção alternativos e calcular os custos decorrentes; analisar as restrições de capacidade produtiva; e eleger o plano mais viável estrategicamente.

Womack, Jones e Roos (1992) afirmam que no JIT entende-se que a produção deve acompanhar as variações de demanda; nesse caso, não é necessário calcular a produção constante, mas sim organizar o sistema produtivo para atender adequadamente à demanda. Isso quer dizer que podemos variar a mão de obra no período analisado.

Já sabemos que no planejamento tático agregamos todos os tipos de produtos e realizamos o plano considerando o estoque inicial (EI) e o estoque final (EF) no período "n", a previsão de demanda (D) e a necessidade de produção (NP) para o período. O estoque médio (EM) e os custos de produção também devem ser considerados.

Exercício resolvido

Suponha que uma empresa que fabrica calçados possui diferentes modelos na sua linha de produtos. A previsão da demanda é conhecida e está ilustrada na Tabela 4.1. Sabemos que no planejamento tático devemos agregar todos os produtos, por isso, na previsão de demanda aparece somente a quantidade total de produtos.

Tabela 4.1 – Previsão de demanda de calçados

Mês	Demanda
Jan.	5.160
Fev.	6.250
Mar.	7.290
Abr.	5.400
Maio	6.350
Jun.	7.800
Jul.	4.896
Ago.	6.350
Set.	7.440
Out.	6.816
Nov.	7.510
Dez.	7.600

Gráfico 4.1 – Previsão de demanda de calçados

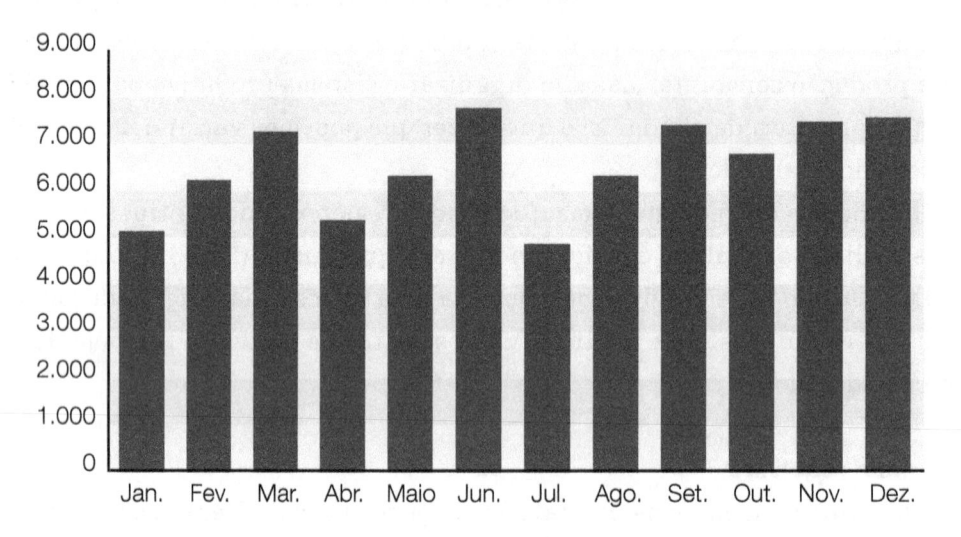

Observando a previsão de demanda, podemos verificar que existe variação: a maior em junho, com 7.800 unidades, e a menor em julho, com 4.896 unidades.

Vamos supor que a empresa tenha 20 unidades em estoque e deseje acabar o período com estoque zero. O estoque final será obtido com a resolução da seguinte equação:

$$EF = EI + P - D$$

Observando a Tabela 4.2, podemos perceber que a produção pode variar. Isso ocorre porque no JIT há flexibilidade na produção para atender às variações de demanda. Não precisamos manter a produção constante!

Tabela 4.2 – Cálculo do estoque final

Mês	Demanda	EI	Produção	Estoque final
Jan.	5.160	20	5140	0
Fev.	6.250	0	6.250	0
Mar.	7.290	0	7.290	0
Abr.	5.400	0	5.400	0
Maio	6.350	0	6.350	0
Jun.	7.800	0	7.800	0
Jul.	4.896	0	4.896	0
Ago.	6.350	0	6.350	0
Set.	7.440	0	7.440	0
Out.	6.816	0	6.816	0
Nov.	7.510	0	7.510	0
Dez.	7.600	0	7.600	0

Fazendo uma análise da demanda acumulada em relação ao estoque final acumulado obtido para cada período, podemos perceber que a demanda é atendida plenamente e que não existe acúmulo de estoques ao longo do período (Gráfico 4.2). Isso ocorre porque o sistema foi estruturado para trabalhar com demandas variáveis e não foi ultrapassada a sua capacidade.

Gráfico 4.2 – Relação entre a previsão de demanda e a necessidade de produção

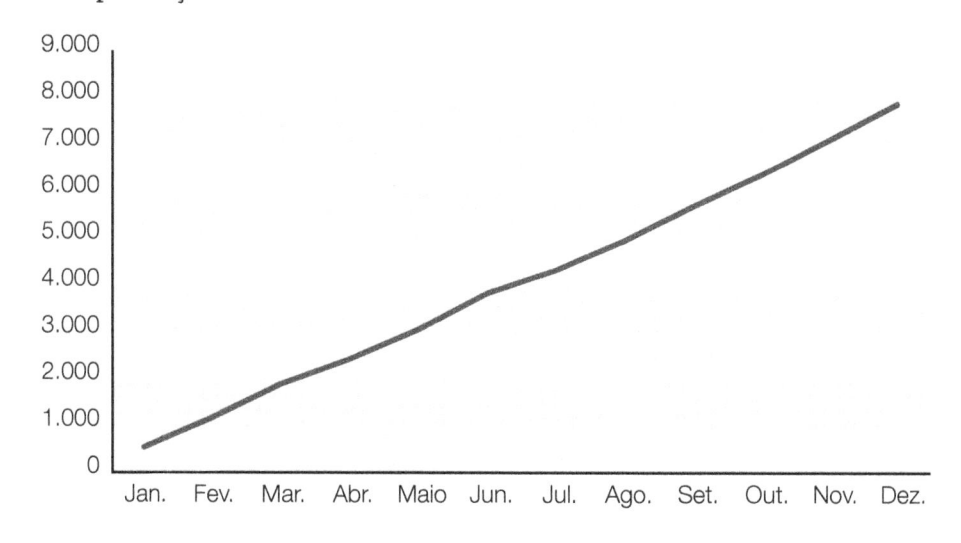

Em um primeiro momento, pode-se concluir que essa estratégia é a mais interessante; entretanto, é importante salientar que, para que isso se confirme, é necessário que existam funcionários polivalentes, isto é, que possam realizar diferentes atividades, além de uma estrutura de funcionários capacitados para aumentar e diminuir a força de trabalho ao longo do tempo. Essa, sem dúvida, é uma situação complexa!

Caso contrário, será necessário demitir e contratar funcionários e essa não é uma boa alternativa, pois o custo de demissão e contratação pode ultrapassar a economia gerada com a redução dos estoques. Além disso, pode gerar um ambiente de insegurança na organização e descontentamento dos funcionários e, consequentemente, o comprometimento da eficácia do sistema produtivo.

Uma outra alternativa poderia ser a adoção de subcontratações, conforme já discutido na Seção 3.3. Com essa estratégia, é possível reduzir de forma significativa os estoques, atender à demanda e reduzir os maiores picos de produção.

4.5 Planejamento mestre no sistema de produção em lotes

Na produção em lotes, assim como na produção em massa, no nível de médio prazo de planejamento acontece também o desagregamento do planejamento tático (ou agregado) da produção, isto é, elaboramos o planejamento mestre da produção, o qual é responsável por conter informações específicas sobre os produtos acabados em cada período analisado. Esse plano faz a ligação entre o planejamento de longo prazo e a programação da produção.

Com base nesse plano, a empresa começa a se movimentar para atender aos pedidos firmes dos clientes – ou seja, no planejamento tático da produção em lotes, não fazemos o planejamento para atender à previsão de demanda, mas sim para atender aos pedidos que já foram fechados com os clientes. Para tanto, é necessário que o sistema produtivo seja preparado para produzir rapidamente as encomendas, a fim de entregar os pedidos no período negociado.

Exercício resolvido

Levando adiante o exemplo da indústria de calçados discutido no plano tático da produção em lotes, vamos considerar que, para o mês de janeiro, a previsão de demanda foi feita considerando os valores da Tabela 4.3. Lembre-se de que, no planejamento mestre da produção, precisamos fazer a desagregação dos itens.

Tabela 4.3 – Cálculo do estoque final

		Janeiro			
		S1	S2	S3	S4
	Previsão	5160			
Estoque	Calçado tipo 1 (20 unidades)				
Previsão de vendas	Calçado tipo 1	200	200	230	210
	Calçado tipo 2	300	320	310	280
	Calçado tipo 3	280	260	295	280
	Calçado tipo 4	280	300	290	320
	Calçado tipo 5	210	200	190	205
Pedidos firmes	Calçado tipo 1	200	180	60	0
	Calçado tipo 2	300	280	280	0
	Calçado tipo 3	270	210	230	0
	Calçado tipo 4	260	280	250	0
	Calçado tipo 5	200	140	170	0

(continua)

(Tabela 4.3 – conclusão)

Estoque		Janeiro			
		S1	S2	S3	S4
	Previsão	5160			
	Calçado tipo 1 (20 unidades)				
Estoque projetado	Calçado tipo 1	–180	–260	–220	
	Calçado tipo 2	–300	–480	–660	
	Calçado tipo 3	–270	–380	–510	
	Calçado tipo 4	–260	–440	–590	
	Calçado tipo 5	–200	–240	–310	
Lotes a ser entregues	Calçado tipo 1	200	300	100	
	Calçado tipo 2	300	500	300	
	Calçado tipo 3	300	400	300	
	Calçado tipo 4	300	400	300	
	Calçado tipo 5	200	300	200	
Estoque recalculado	Calçado tipo 1	20	60	40	
	Calçado tipo 2	0	20	20	
	Calçado tipo 3	30	50	70	
	Calçado tipo 4	40	0	50	
	Calçado tipo 5	0	60	30	

4.6 Programação da produção no sistema JIT

Normalmente, em uma organização, o *O quê*, o *Quando* e o *Quanto* são estabelecidos pela seção de planejamento de produção na forma de um plano inicial de trabalho, um plano de transferência, ordem de produção ou pedido de entrega que são passados por toda a fábrica. Quando esse sistema é usado arbitrariamente, as pessoas pensam que estará tudo bem se as peças chegarem com antecedência (Ohno, 1997). O nome *Just in Time* refere-se ao fato de que as peças precisam chegar no momento certo – caso isso não ocorra, o desperdício não poderá ser eliminado.

No horizonte de curto prazo, normalmente dias ou horas, é necessário que cada célula saiba o que deverá ser produzido. Para tanto, é preciso elaborar a programação da produção e realizar a alocação das equipes de trabalho. Para isso, o sistema de produção em lotes utiliza o sistema visual *kanban*.

> O *kanban* foi desenvolvido na década de 50 por Taiichi Ohno, executivo da Toyota, baseado no sistema de reposição dos supermercados. Os clientes compravam somente os itens de que necessitavam, na ocasião exata e na quantidade que eles mesmos determinavam. O dono do supermercado procurava repor apenas as mercadorias efetivamente vendidas. A manutenção de espaço e estoques limitados nas estantes.
> (Santos, 2011, p. 29)

Ohno levou essa ideia ao Japão e a batizou de *Sistema Supermercado de Abastecimento*, porém, mais tarde, mudaram o nome para *Sistema kanban*, o qual é uma técnica de gestão de materiais e de produção no momento exato, na quantidade e qualidade necessárias, operacionalizadas com a movimentação de cartões. De modo geral, o *kanban* representa um sistema simples de organização industrial e de autocontrole visual do chão de fábrica, independentemente de gestões paralelas e de controles computacionais, voltado basicamente para a contenção e a redução de todo o desperdício nas áreas de produção e de materiais (Ohno, 1997).

O sistema *kanban* funciona com base no uso de sinalizações para ativar a produção, a movimentação dos itens pela fábrica e a compra de materiais. Os clientes colocam seus pedidos nas quantidades exatas especificadas no cartão *kanban*. Os processos fornecedores produzem e/ou movimentam as quantidades exatas e na sequência especificada pelo cartão *kanban*, sem o qual nenhum item é produzido ou movimentado. Todas as peças e materiais têm sempre um cartão anexo. O sistema *kanban* tradicional emprega painéis ou quadros de sinalização junto aos pontos de armazenagem espalhados pela produção, com a finalidade de sinalizar o fluxo de movimentação e consumo dos itens por meio da fixação dos cartões *kanban* nesses quadros (Shingo, 1996).

As informações do cartão *kanban* podem ser divididas em três categorias: informação de coleta, informação de transferência e informação de produção. O cartão *kanban* contém informações internas da organização, mas também pode conter informações pertinentes às empresas colaboradoras (Ohno, 1997).

> O cartão *kanban* de produção é utilizado para autorizar a montagem ou fabricação de determinado lote de itens. Normalmente este cartão especifica o processo e a célula responsável pela sua fabricação o tamanho do lote que deverá ser fabricado bem como o tipo de contenedor que será usado para os itens (Santos, 2011, p. 30, grifo nosso).

O cartão *kanban* de produção contém a descrição dos itens bem como o seu código de barras ou semelhante e, ainda, a lista dos insumos necessários para a produção desses itens e o local onde estão armazenados. Informa também onde esses itens deverão ser armazenados depois de prontos (Figura 4.5). É importante salientar que cada empresa deve confeccionar seus cartões *kanban* de acordo com suas necessidades.

Figura 4.5 – Exemplo de cartão kanban *de produção*

Número de emissão			Local de estocagem	
Centro de trabalho				
Célula			Tamanho do lote	
Código				
Descrição				
Insumos necessários		Contenedor	Destino	
Código	Localização			

Já o cartão *kanban* de movimentação deve conter informações relativas à descrição de um item com código já cadastrado no sistema e suas principais especificações: informações da célula onde o item foi produzido, bem como as informações do centro de trabalho do cliente, isto é, o local onde o item deverá ser entregue (Shingo, 1996). O tamanho do lote também é necessário, além do seu tipo de contenedor. A Figura 4.6 ilustra um cartão *kanban* de movimentação.

Figura 4.6 – Exemplo de cartão kanban *de movimentação*

Número de emissão		Local de estocagem
Centro de trabalho fornecedor		
Código		Tamanho do lote
Descrição		
Centro de trabalho cliente	Localização do estoque	Contenedor

O cartão *kanban* de fornecedor possui informações relativas à forma e ao momento em que o fornecedor terá acesso às instalações do cliente para promover a entrega do lote. Nele é necessário constar o nome e o código cadastrado do fornecedor, a descrição do item a ser entregue e o local onde ele deve ser armazenado, além do agendamento (horários) de quando devem ser realizadas as entregas dos itens (Ohno, 1997). A Figura 4.7 ilustra um cartão *kanban* de fornecedor.

Figura 4.7 – Exemplo de cartão kanban *de fornecedor*

Nome do fornecedor		Local de estocagem
Código		Tamanho do lote
Descrição		
Centro de trabalho para entrega	Localização do Estoque	

Para gerenciar os *kanbans* no sistema de produção enxuta, utiliza-se um quadro que indica a prioridade dos cartões. A faixa vermelha do quadro representa a urgência na entrega. O estoque de segurança está sendo utilizado. A faixa amarela representa *atenção*, isto é, o momento em que necessitamos fazer o pedido dos insumos. A faixa verde mostra que o sistema está em condições normais de operação, não necessitando de entrega imediata (Figura 4.8).

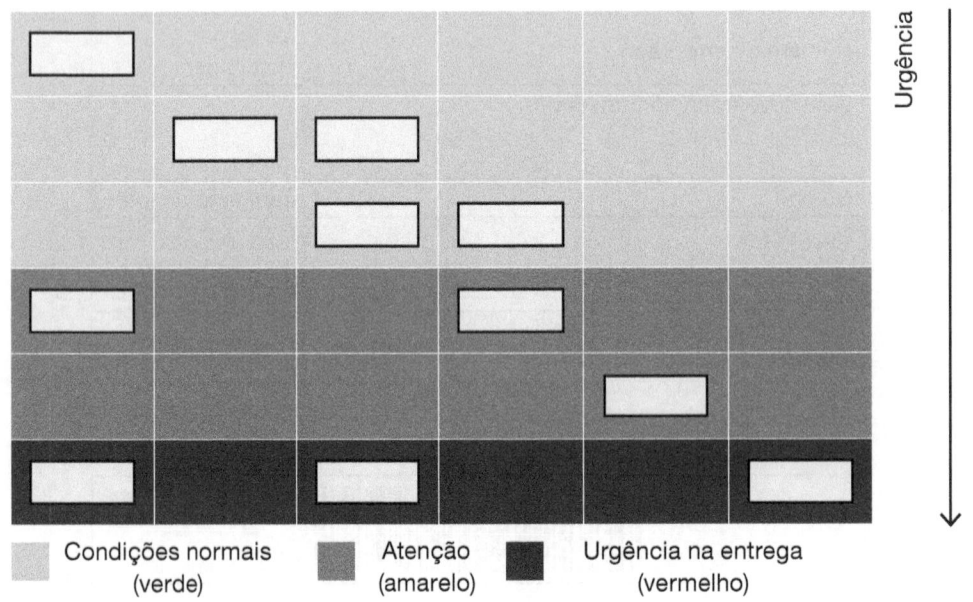

Figura 4.8 – Exemplo de quadro kanban

Com o *kanban* é possível obter resultados muito interessantes dentro do sistema de produção; entretanto, o uso inadequado dessa ferramenta pode gerar graves problemas (Ohno, 1997). A utilização adequada do *kanban* mostra imediatamente onde está o desperdício, permitindo dessa forma um estudo de melhorias. Na produção, o *kanban* é importante para reduzir a mão de obra e os estoques, eliminar produtos defeituosos e impedir a recorrência de paradas. Podemos afirmar que o *kanban* pode ser responsável por controlar o fluxo de materiais/produtos dentro do sistema de produção em lotes.

Para utilizar o *kanban*, precisamos conhecer as suas principais funções e observar as regras de utilização, para que a organização possa usufruir dos seus benefícios (Quadro 4.2).

Quadro 4.2 – Funções e regras do kanban

Funções do *kanban*	Regras para utilização
Fornecer informação sobre apanhar ou transportar	O processo subsequente apanha o número de itens indicados pelo *kanban* no processo precedente
Fornecer informação sobre a produção	O processo inicial produz itens na quantidade e sequência indicadas pelo *kanban*
Impedir a superprodução e o transporte excessivo	Nenhum item é produzido ou transportado sem um *kanban*
Servir como uma ordem de fabricação afixada às mercadorias	Serve para afixar um *kanban* às mercadorias
Impedir produtos defeituosos para identificação do processo que os produz	Produtos defeituosos não são enviados para o processo seguinte. O resultado são mercadorias livres de defeitos
Revelar problemas existentes e manter o controle de estoques	Reduzir o número de *kanbans* aumenta sua sensibilidade aos problemas

Fonte: Adaptado de Ohno, 1997.

Dentro do sistema JIT, é necessário estabelecer o tamanho e o número de lotes para cada item, pois com base nisso é que é possível estabelecer o número de cartões *kanban* do sistema. Além disso, é necessário também conhecer o número de lotes necessários para disparar a produção (Tubino, 2009).

É importante lembrar que o sistema JIT busca trabalhar com pequenos lotes. Para tanto, é preciso que haja a aplicação da troca rápida de ferramentas (TRF), atividade necessária para viabilizar o sistema. O tamanho do lote deverá incorporar as situações específicas de cada organização. O importante é identificar qual é a unidade que interessa para o consumidor final. Por exemplo, se a empresa comercializa cadeiras para o cliente final, o que importa é o número de cadeiras completas que são entregues, e não o número de peças isoladas. Nesse caso, o lote precisa incorporar as quantidades necessárias de cada elemento para montar uma cadeira completa (Ohno, 1997).

Para saber quantos cartões *kanban* serão necessários no sistema (Nk), precisamos conhecer a demanda média diária do item (D), o tamanho do lote do cartão *kanban* (Q), o número de dias de atendimento da demanda no ponto de consumo (Nd) e o nível de segurança no sistema (S), que é dado em percentual de cartões. A fórmula a seguir apresenta as relações necessárias para calcular a quantidade de cartões (Shingo, 1996):

$$Nk = \frac{D}{Q} \cdot Nd \cdot (1 + S)$$

Exercício resolvido

Suponhamos que uma empresa de fabricação de cadeiras para restaurante apresente a demanda média diária de 180 unidades. O período de cobertura dos estoques é de três dias, o tamanho do lote é de 80 unidades e o percentual do nível de segurança do sistema é de 15%. Vamos calcular o número de cartões *kanban* necessários para atender à demanda ao longo do tempo?

$$Nk = \frac{180}{80} \cdot 3 \cdot (1 + 0{,}15) = 7{,}76 \cong 8 \text{ cartões}$$

Cabe salientar que, como o lote *kanban* é padrão, o valor de Nk foi arredondado para oito cartões, gerando 640 unidades de cadeiras para atender plenamente à demanda média diária e ao estoque de segurança projetado.

A gestão de estoques dentro do sistema de produção em lotes é realizada pelo funcionamento dos *kanbans*, seguindo a ordem de prioridade do painel, isto é, o sequenciamento da produção é gerado com base no grau de urgência dos pedidos. A liberação das ordens aos postos de trabalho também ocorre no chão de fábrica via sistema *kanban*. Outra grande vantagem desse sistema visual é a possibilidade de acompanhamento e controle do programa de produção por meio dos quadros *kanban* e também a possibilidade de realizar ajustes na produção para atender a pequenas variações de demanda.

Por ser organizado pelos colaboradores que realizam as atividades, o *kanban* estimula a cooperação da equipe, que se sente à vontade para propor melhorias para o sistema, já que os colaboradores se sentem parte da inteligência do processo produtivo.

Enfatizamos que o grande desafio do sistema *kanban* é a troca rápida de ferramentas para atender às variações de demanda de itens, considerando a necessidade de trabalhar com pequenos lotes.

4.7 A gestão de estoques no sistema de produção em lotes

Na produção em lotes, não existe erro aceitável, uma vez que se busca a perfeição. O estabelecimento dessa meta é o que leva ao aprimoramento contínuo. A qualidade é 100%. Para tanto, são utilizados dispositivos chamados *poka yoke* (à prova de erros), a fim de garantir a qualidade do produto. Isso tem uma implicação direta na gestão de estoques, porque no JIT os insumos precisam estar disponíveis no momento certo, na quantidade certa e dentro dos padrões de qualidade total (Ohno, 1997).

Nesse contexto, o sistema de produção em lotes busca eliminar os desperdícios. Assim, é necessário reduzir de forma significativa os estoques para poder visualizar e resolver os problemas do sistema produtivo (Shingo, 1996).

Observando a Figura 4.9, podemos visualizar que somente quando reduzimos o nível de água (estoques) podemos enxergar as reais causas dos problemas do sistema produtivo, por meio da identificação dos desperdícios que em muitos casos são intrínsecos ao processo produtivo. Na produção em lotes, os estoques são reduzidos gradualmente, a fim de que os problemas apareçam. Uma vez identificados e resolvidos tais problemas, o sistema remove mais estoques, e assim sucessivamente.

Figura 4.9 – Mascaramento dos problemas pelo estoque

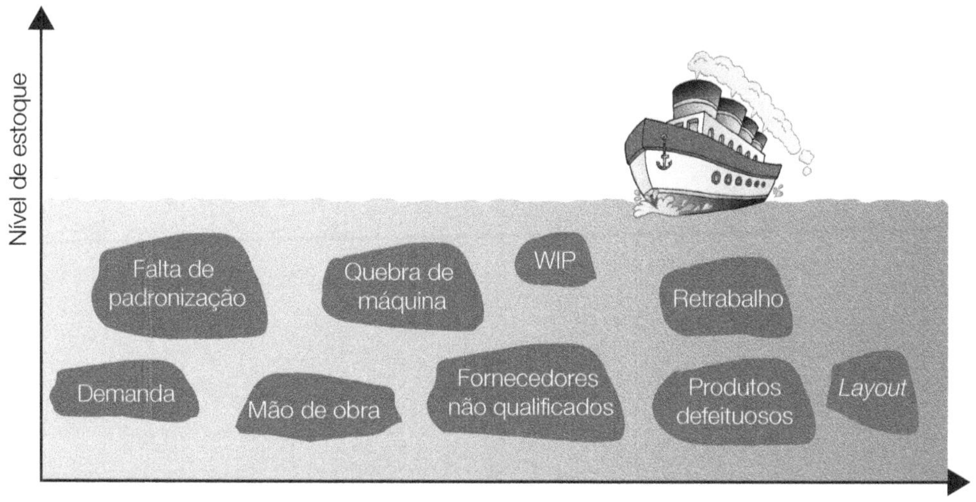

Quando falamos na busca constante pela eliminação de estoques dentro do sistema JIT, estamos falando dos estoques de matérias-primas, de produtos acabados e de trabalho em progresso (WIP). Isso não quer dizer que é possível eliminar todos os estoques! É necessária a existência de estoques-pulmão para garantir que o processo não seja paralisado.

Slack et al. (1999) definem *estoque-pulmão* como o estoque protetor que deve ser mantido exatamente antes do gargalo, de modo que a produção nunca pare por falta de material.

Conforme Corrêa e Gianesi (1993), a programação é feita para que o recurso gargalo esteja sempre ocupado. Os recursos antes do gargalo são programados para manter o estoque-pulmão sempre no nível adequado. Para isso, o *layout* deve facilitar ao máximo a circulação de materiais na linha de fabricação, pois a existência de estoques pode mascarar os problemas da produção.

4.8 A função de compras de materiais no sistema de produção em lotes

Desde os anos 1980, as organizações tornaram-se mais conscientes dos ganhos que as atividades com foco estratégico podem gerar à função de compras de materiais (Dias, 2000).

Podemos perceber que, ao longo do tempo, as organizações que operam com o sistema de produção em lotes têm dedicado maior atenção ao desenvolvimento de parcerias entre fornecedores e compradores; os benefícios de fazer negócios decorrem de ideias compartilhadas (Porter, 1991; Dumond, 1996). Em um relacionamento ganha-ganha, a ênfase está em construir um resultado satisfatório conjunto para ambas as partes.

Nesse contexto, a compra proativa tem possibilitado que a visão de compras torne-se mais estratégica (Santos; Jungles, 2008).

Para Dias (2000), com a implantação da compra proativa na função de compras, ela passa a ter outros objetivos além de encontrar um fornecedor que esteja disposto a trocar bens ou serviços por determinada soma de dinheiro. Os objetivos da função de compras, com base nos conceitos inerentes à compra proativa, podem ser descritos da seguinte forma:

- Assegurar continuidade de compras para manter relacionamentos efetivos com fontes existentes, desenvolvendo outras fontes de fornecimento alternativo, ou para atender a necessidades emergentes ou planejadas, selecionando os melhores fornecedores.

- Manter relacionamentos cooperativos sólidos com as outras funções organizacionais, fornecendo informações e aconselhamentos necessários para assegurar a operação eficaz de toda a organização.

- Desenvolver funcionários, políticas, procedimentos e toda a organização para assegurar o alcance dos objetivos previstos.

- Manter o equilíbrio de qualidade e valor, obtendo mercadorias e serviços na quantidade e qualidade necessárias pelo menor custo.

- Monitorar as tendências do mercado.

- Negociar eficazmente as condições de compra para trabalhar com fornecedores que buscam benefício mútuo por meio de desempenho economicamente superior.
- Desenvolver e manter boas relações com os fornecedores, além de encontrar fornecedores potenciais.
- Emitir e administrar pedidos de compra.

É importante salientar que não existe uma rotina única para a função de compras de materiais, a qual depende da configuração do sistema de produção de cada indústria. Cada um deles requer um processo diferente de suprimentos e, consequentemente, implica uma diferença de rotina para a função de compras. Além disso, salienta-se também que nem sempre centralizar as compras é a melhor opção para as empresas, apesar de ser a mais utilizada.

Na produção em lotes, existe a possibilidade de implantar a compra proativa, visto que nessa filosofia entende-se que a área de compras deve fazer parte das decisões que envolvem a produção, assim como das decisões de outras áreas da organização. Dessa forma, a função de compras pode estruturar as compras de insumos de acordo com as necessidades da produção de forma antecipada, isto é, proativa. As negociações e os contratos são estabelecidos anteriormente à necessidade da produção. Isso quer dizer que, com base no planejamento da produção, que é focado em pedidos firmes, a área de compras estabelece contatos e parcerias com os fornecedores. É comum, no sistema de produção em lotes, o fornecedor estar dentro do ambiente organizacional do cliente com insumos para serem entregues de forma imediata. Na relação cliente-fornecedor, há uma ênfase na produção em lotes, e isso faz com que exista um comprometimento entre eles, fazendo com que a área de compras funcione de forma muito mais tranquila do que no sistema de produção em massa.

■ Síntese

O sistema de produção em lotes tem por princípio aumentar o ganho da organização por meio da redução dos desperdícios do sistema produtivo. Para tanto, busca-se eliminar as atividades que não agregam valor ao processo produtivo, investindo esforços para potencializar a capacidade do gargalo, a fim de aumentar a capacidade do sistema. No planejamento tático, devemos considerar a flexibilidade da produção para atender plenamente à demanda. Isso faz com que os estoques sejam reduzidos de forma significativa. A troca rápida de ferramentas é fundamental para que essa melhoria ocorra. No planejamento mestre da produção, estruturamos o plano com base nos pedidos firmes da empresa. No nível operacional, o sistema *kanban* é utilizado para organizar o processo produtivo, a fim de atender somente às demandas de subprodutos necessários para a montagem dos produtos já encomendados. A gestão de estoques é realizada pelo *kanban*, com a intenção de mantê-los baixos, para que seja possível identificar as falhas do sistema produtivo.

■ Questões para revisão

1. Marque verdadeiro (V) ou falso (F) para as seguintes sentenças:

    ( ) O *Lean Manufacturing* objetiva produzir em pequenos lotes a fim de atender à demanda.

    ( ) A atividade que agrega valor ao produto é aquela que o cliente reconhece como válida e pela qual está disposto a pagar.

    ( ) O *kanban* é um sinalizador visual, também conhecido como *Sistema Supermercado de Abastecimento*.

    ( ) Na produção em lotes, o fluxo é baseado na demanda do mercado.

    ( ) Os *poka yokes* são dispositivos de inspeção manual que visam garantir a qualidade 100%.

    ( ) O *Work in Progress* objetiva garantir que o trabalho dos operários seja contínuo e atenda à demanda dos clientes.

    ( ) O *layout* celular favorece a subdivisão das tarefas que devem ser realizadas pelos operários.

Leia o enunciado a seguir e responda às perguntas 2 e 3:

Uma fábrica possui *layout* misto de departamentos funcionais conforme ilustra a figura a seguir.

Departamento 1 — 7 máquinas → Departamento 2 — 4 máquinas → Departamento 3 — 1 máquina

Cada equipamento do departamento 1 pode produzir 453 peças por hora; cada equipamento do departamento 2 pode produzir 233 peças por hora; enquanto o departamento 3 pode produzir 872 peças por hora. A produção é comandada pelo operador. Em função das especificidades de cada departamento, estima-se uma tolerância de 10% no tempo disponível para o departamento 1, 15% no tempo disponível para o departamento 2 e 12% no departamento 3. A empresa trabalha 44 horas por semana. Suponha que existam dois operadores por máquina em cada departamento.

2. Determine o gargalo do sistema.

3. Determine a capacidade do sistema.

4. Uma indústria de cosméticos tem uma demanda média diária de 560 unidades. O período de cobertura dos estoques é de um dia, o tamanho do lote é de 40 unidades e o percentual do nível de segurança do sistema é de 10%. O número de cartões *kanban* será:

   a. 16 cartões.

   b. 22 cartões.

   c. 40 cartões.

   d. 15 cartões.

5. Considere a seguinte previsão de demanda para um período de seis meses de uma família de produtos da empresa ABC.

Mês	Jul.	Ago.	Set.	Out.	Nov.	Dez.
Demanda (unid.)	360	1.020	1.700	400	300	100

   Sabendo que a empresa tem o JIT implantado no sistema de produção, que o estoque no final de junho é de 10 unidades e que o estoque final deverá ser de 5 unidades:

   a. Determine as necessidades de produção (NP) mensal.

   b. Calcule os estoques no final de cada mês.

   c. Caso surja "estoque negativo", defina uma alternativa para solucionar a questão e recalcule os estoques de cada mês de acordo com a estratégia sugerida.

■ Questões para reflexão

1. Em uma intervenção em determinada organização, como o engenheiro de produção deve analisar o processo e as operações?

2. Qual é a finalidade do *Work in Progress*?

3. Como o gargalo pode influenciar a capacidade do sistema de produção?

4. É possível eliminar todos os gargalos do sistema produtivo?

5 Sistema de produção por projetos

Conteúdos do capítulo
- *O planejamento estratégico no sistema de produção por projetos.*
- *O planejamento tático no sistema de produção por projetos.*
- *A programação da produção no sistema de produção por projetos.*
- *A função de compras de materiais no sistema de produção por projetos.*

Após o estudo deste capítulo, você será capaz de:
1. *entender as características do sistema de produção por projetos;*
2. *estruturar o planejamento estratégico, tático e operacional no sistema de produção por projetos;*
3. *compreender a lógica da gestão de estoques no sistema de produção por projetos.*

Um projeto é um conjunto de atividades inter-relacionadas, executadas uma única vez, com o objetivo de criar um produto ou um serviço único (PMI, 2000). A grande maioria dos projetos envolve várias pessoas e empresas, assim como as mais diversas tecnologias; por isso, uma única pessoa não poderia absorver todo o conhecimento necessário para viabilizar um projeto. Cada um dos envolvidos, seja empresa, seja pessoa, é especializado naquilo que faz, e como todo o bom profissional, fará isso da melhor forma possível, dentro da sua área de especialidade. Nesse contexto, quem faz a interligação das informações entre os envolvidos é a gerência de projetos (Casarotto Filho; Fávero; Castro, 1999).

O gerenciamento de projetos tem o objetivo de aplicar conhecimentos, habilidades e técnicas às atividades do projeto, de modo a atingir as necessidades e as expectativas das partes envolvidas. Normalmente, os clientes, donos do projeto, avaliam seu sucesso pelo resultado final. Assim, atrasos ou aumentos de custo momentâneos durante o andamento do projeto não são críticos, desde que as metas finais sejam mantidas (Bernardes, 1996).

A principal diferença entre a administração tradicional e a administração por projetos é que, na primeira, a gerência busca a gestão de uma organização instituída para operar indefinidamente, com procedimentos operacionais bem estabelecidos, sendo caracterizada por regras concernentes a autoridade, alcance do controle e hierarquia, com produtos bem determinados, executados por equipes bem definidas e estáveis, em que os gerentes se amoldam a essas características para poder desempenhar sua função. Pode-se dizer que, nesse caso, administram-se processos conhecidos e repetitivos, em busca de metas de vendas, lucro, entre outros objetivos, que são mutáveis no tempo e na vida da empresa. Tudo isso caracteriza o que se pode chamar de *administração da repetição* (Wille, 2006).

Já na administração por projetos há um grupo diversificado de profissionais, técnicos e pessoal, originários tanto da própria empresa quanto de parceiros externos, gerando uma forma de organização temporária instituída unicamente para desenvolver e alcançar um determinado objetivo único, claramente definido. Pode-se dizer que existe aqui a *administração da mudança* (PMI, 2000).

Segundo Wille (2006), os projetos de sucesso são aqueles que alcançam os seus objetivos dentro do tempo previsto, na qualidade originalmente desejada e, acima de tudo, dentro do orçamento. Além disso, um projeto de sucesso é desenvolvido com segurança (pessoal, patrimonial, metodológica, processual, entre outras), dentro de uma visão de minimização de riscos e com a satisfação de todos os seus participantes.

Como exemplo de projetos, podemos citar as obras de engenharia (edifícios, pontes, torres, entre outras), a construção de um navio e o desenvolvimento de uma vacina; enfim, um projeto é um processo para o desenvolvimento de algo (produto ou serviço) que será entregue ao cliente, tendo uma data para ser iniciado e uma data para ser finalizado. Além disso, o bem entregue possui características diferentes do que havia inicialmente.

Nesse contexto, realizar o planejamento e o controle do sistema produtivo é um desafio, visto que as atividades tendem a não ter grandes repetições.

Segundo Wille (2006), o ciclo de vida de um projeto pode ser percebido pelo decorrer das fases a seguir (também representadas no Gráfico 5.1).

- **Fase conceitual:** Início do projeto, equipe básica de planejamento, delineamento do projeto, monitoramento ambiental (competidores, físico, organizacional, análise de riscos), planejamento preliminar para aprovação (meios, estrutura de decomposição do trabalho, custos, prazos, delineamento dos controles), revisão crítica, proposta e negociação, aprovação/ comprometimento, planejamento preliminar aprovado.
- **Fase de planejamento e organização:** Equipe de planejamento, monitoramento ambiental, planejamento detalhado, organização, revisão, consolidação.
- **Fase de implementação:** Monitoramento ambiental, execução, controle.
- **Fase de encerramento:** Aceitação do produto pelo cliente, avaliação interna, fechamento da documentação formal do projeto, desmobilização da equipe, dissolução da equipe.

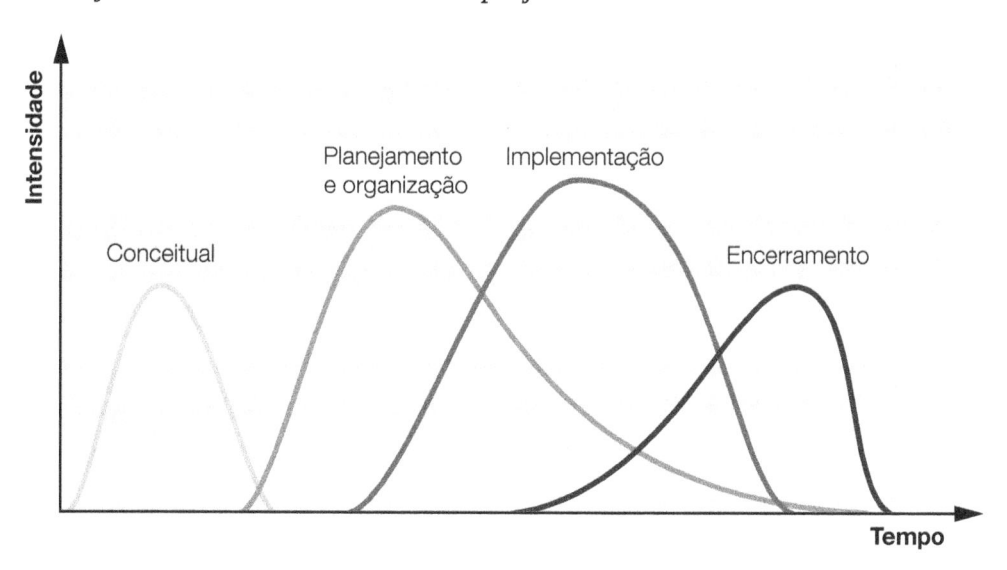

Gráfico 5.1 – Ciclo de vida de um projeto

Fonte: Adaptado de Wille, 2006.

No sistema de produção por projetos, também podemos utilizar os três níveis de planejamento já estudados: o estratégico, o tático e o operacional.

No planejamento estratégico, devemos definir os objetivos do projeto, além de riscos, retornos, executabilidade e competição. É quando se pergunta se vale a pena realizar o projeto.

No planejamento tático, procura-se olhar com maior detalhe as ações do projeto. É quando se procura pelas respostas às seguintes perguntas: Quais são as atividades necessárias para executar o projeto? Quanto tempo será necessário para realizá-las? Quais são os recursos humanos, financeiros e técnicos necessários e quais estão disponíveis? Como será atingido o objetivo definido? Quem são os responsáveis?

No planejamento operacional, temos a responsabilidade de alocar as atividades para os responsáveis, pensando na dimensão tempo de semanas ou dias.

A seguir, veremos algumas ferramentas utilizadas para realizar essas atividades.

5.1 Planejamento estratégico no sistema de produção por projetos

Quando falamos em planejamento estratégico no sistema de produção por projetos, temos o desafio de escolher uma ferramenta que possa auxiliar na realização dessa importante atividade gerencial. Existem diferentes ferramentas que podem ser utilizadas. Neste livro, falaremos sobre a linha de balanceamento aplicada à produção por projetos. Salientamos que essa técnica também é muito utilizada no sistema de produção em massa com o intuito de balancear o sistema produtivo e aumentar a produtividade do sistema.

A linha de balanceamento (LOB, na sigla em inglês) é derivada da indústria de manufatura e foi desenvolvida pelo departamento de navegação americano em 1942. Mais tarde, principalmente na Europa, o setor de construção adaptou a técnica para programar a construção de conjuntos habitacionais, com a finalidade de reconstituir os países devastados pela Segunda Guerra. Nas décadas de 1970 e 1980, a técnica da linha de balanceamento foi utilizada no Brasil para o planejamento de conjuntos populares. Atualmente, pesquisadores defendem a utilização da LOB em rodovias, ferrovias, redes de canalização e edifícios altos (Mendes Junior; Vargas, 1999).

A LOB é um método de planejamento essencialmente gráfico, tendo uma unidade básica de repetição baseada no fato de que toda construção tem um ritmo natural e que qualquer desbalanceamento nesse ritmo resulta em perdas de recursos e tempo (Vargas et al., 1996).

O gráfico LOB representa as atividades no espaço (unidades de repetição) e no tempo (meses, semanas, dias). O comportamento das linhas resultantes indicará o ritmo da construção das unidades (Vargas, 2000).

O balanceamento é alcançado quando obtemos o mesmo ritmo para todas as atividades ou grupos. Algumas vezes, o balanceamento é impossível, em virtude das precedências das atividades e da utilização de equipamentos especiais (grua, guinchos, elevadores).

O gráfico LOB é de simples entendimento: o eixo das abscissas é a linha do tempo, enquanto no eixo das ordenadas estão as unidades repetitivas. Uma das principais qualidades do gráfico LOB é permitir a visualização das informações de *quem*, *faz o quê*, *quando* e *onde* (Gráfico 5.2).

Gráfico 5.2 – Representação da linha de balanceamento

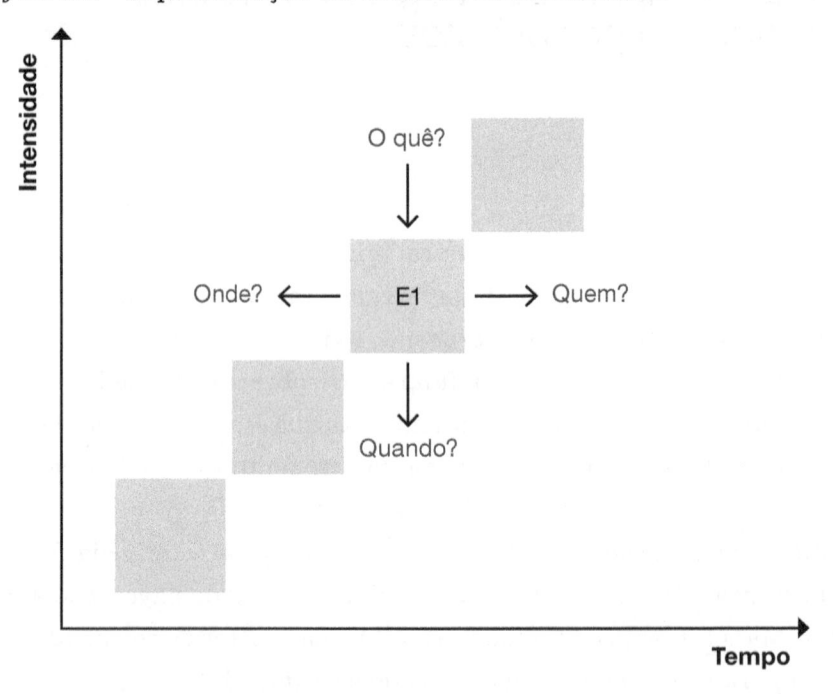

Para que possamos calcular as equipes necessárias, temos de entender o conceito de ritmo (R), que é o número de unidades repetitivas concluídas por unidade de tempo (produtos/dia). O cálculo do ritmo é dedutível com o auxílio da linha representada no Gráfico 5.3. Matematicamente, ritmo é a tangente da linha de balanço, o que resulta na fórmula apresentada:

$$T = \tan \alpha$$

O ritmo com uma só equipe recebe o nome de *ritmo natural* (Rn). Uma vez definido o ritmo natural, fica fácil determinar os outros ritmos, porque os próximos serão múltiplos deste. Analisando o Gráfico 5.3, chega-se à conclusão de que o ritmo é a relação entre o número de unidades repetitivas e a soma do tempo de base (Tb) com o tempo de ritmo (Tr).

$$R = \frac{n}{Tb + Tr}$$

Analisando a fórmula apresentada para o ritmo, observamos que Tt é o tempo total estipulado para a construção das unidades, Tb é o tempo base para a construção de uma unidade e Tr é a diferença entre o tempo total menos o tempo de base.

Gráfico 5.3 – Conceito de ritmo

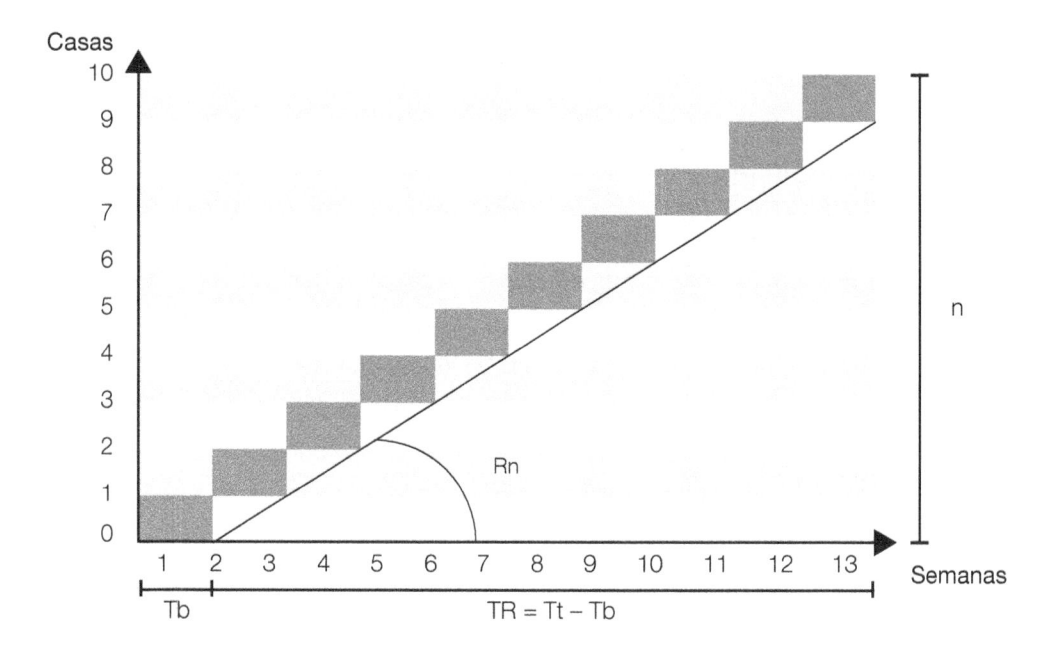

O tempo de ciclo (Tc) permite a visualização da velocidade de execução das atividades. É a taxa de produção ou razão de execução definida em números de unidades por tempo ou pelo tempo necessário para cada unidade de repetição. O tempo de ciclo é calculado por meio da seguinte fórmula:

$$Tc = \frac{Tr}{n-1}$$

Também precisamos calcular o número de equipes. A finalidade de dimensionar a quantidade de equipes está ligada à execução da obra no prazo mais próximo ao tempo de ritmo determinado para o seu andamento. O número de equipes também pode ser alterado conforme a necessidade de reduzir ou aumentar o tempo de execução. A fórmula que calcula o número de equipes (Ne) é a seguinte:

$$Ne = \frac{Duração}{Tempo\ de\ ritmo}$$

Mendes Junior (1999) aponta as seguintes vantagens para o uso da LOB: representação cumulativa das atividades; demonstração do atraso de uma ou mais atividades; demonstração de toda a situação atual do projeto; possibilidade de visualizar a alocação das equipes por atividades; possibilidade de dimensionar as durações e as equipes para cada atividade;

Mendes Junior (1999) aponta igualmente as desvantagens para o uso da LOB: é uma técnica desenhada para um processo de produção simples; não mostra o impacto do atraso no fim do empreendimento; existem problemas de visualização em sua apresentação, sendo recomendadas cores diferentes para cada atividade; é aplicável em qualquer tipo de indústria.

5.1.1 Métodos de programação de projetos baseados em redes

A sequência em que as atividades de um projeto são executadas é tão importante quanto a sua execução (Vargas et al.,1996). Para permitir que as atividades se interliguem entre si, dentro de uma lógica que define o processo desejado para o desenvolvimento do projeto, são usadas as **dependências**.

As atividades podem ter dependência basicamente de dois tipos: ou são predecessoras ou são sucessoras. Serão predecessoras se sua realização preceder a atividade que está sendo considerada; serão sucessoras quando sua realização só ocorrer após a realização da atividade de referência.

O objetivo das técnicas de rede é organizar as tarefas ou as operações numa sequência lógica tal que a dependência de uma tarefa em relação a outra fique claramente definida. O evento inicial da rede é considerado *tempo zero* e a rede permite o cálculo da duração total para atingir o evento final.

Os métodos de programação de projetos com base em redes mais conhecidos são o CPM (método do caminho crítico, na sigla em inglês) e o Pert (técnica de avaliação e revisão de programas, na sigla em inglês). O método CPM considera as durações das atividades, sendo um método determinístico. Já o método Pert apresenta um tratamento estatístico adequado às durações, estabelecendo um prazo esperado para cada atividade. Atualmente, o que existe é uma fusão entre os dois métodos, denominada de Pert-CPM. Para elaborar uma rede Pert-CPM, é necessário seguir as seguintes diretrizes (Cukierman, 1998):

- Listar todas as atividades do projeto.
- Estabelecer a rede de precedências.
- Determinar as durações de cada atividade.
- Determinar os eventos final e inicial da rede.
- Calcular as datas dos eventos inicial e final de cada atividade.
- Verificar o caminho crítico da rede.

Quando são utilizadas relações de dependência, as atividades são organizadas na forma de uma rede de precedência; podemos, então, nos valer de métodos como o Pert ou o CPM para efetuar o cálculo das datas de início e fim das atividades, gerando Cronogramas de Barra (Cronograma ou Gráfico de Gantt), bem como desenhos de redes conhecidas como Pert/CPM.

No método Pert/CPM, uma tarefa é representada simbolicamente por uma seta. Sua duração é indicada entre parênteses abaixo da seta. Os eventos são representados por círculos, em que é indicado o seu número. Um evento, ao contrário de uma tarefa, não consome tempo ou recursos, pois somente representa um ponto no tempo.

Figura 5.1 – Representação das atividades

A precedência é representada no método Pert/CPM da seguinte forma: as tarefas A e B precedem a tarefa C. Isso quer dizer que a tarefa C não pode ser iniciada antes da conclusão das tarefas A e B. Devido a essa precedência, o evento 3 só se concretiza no momento em que as tarefas A e B estão concluídas.

Figura 5.2 – Representação da sequência entre atividades

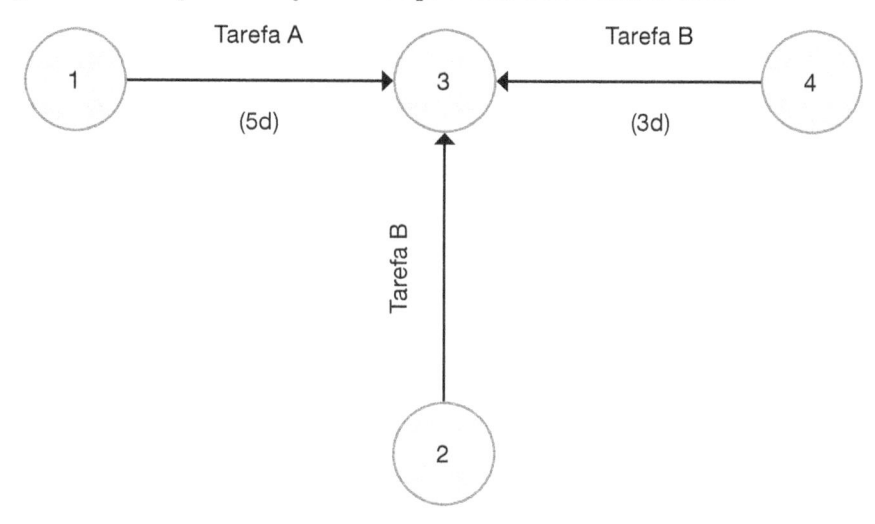

As dependências que uma dada atividade apresenta determinarão se ela terá ou não folga. Quando uma atividade não apresenta folga no cronograma, isso significa que ela não pode sofrer nenhum atraso, sob pena de gerar um atraso igual no cronograma do projeto. Essa atividade é chamada de *atividade crítica* (PMI, 2000).

As atividades que não apresentam folga geram no diagrama de rede uma ou mais sequências de atividades críticas. O conjunto de atividades críticas que se mostram interligadas entre o início e o término de um plano é chamado de *atividades do caminho crítico*.

Para realizar a Linha de Balanceamento, precisamos fazer a rede Pert-CPM das atividades que serão planejadas, a fim de encontrar o caminho crítico. O estudo de caso a seguir ilustra o sequenciamento que deve ser utilizado para elaborar a linha de balanceamento.

Estudo de caso

Para aplicar a técnica da linha de balanceamento, vamos analisar o seguinte caso, adaptado de Santos e Mendes Junior (2001).

O empreendimento escolhido é um condomínio formado por 77 sobrados com área média de 130 m² cada, churrasqueiras comunitárias, salão de jogos e de festas, *playground* e um bosque privativo com 5.000 m² de área verde. Foram contratados empreiteiros diferentes para construir os sobrados, ficando a construtora com a responsabilidade de gerenciar e administrar o empreendimento.

A construtora responsável utilizava um *software* de planejamento para planejar os serviços, tendo a previsão de entregar 32 sobrados até o final do ano de 2010 e os outros 45 até o final do ano de 2011.

Foi utilizado o seguinte roteiro para aplicação da linha de balanceamento:

- Definição da unidade de repetição.
- Levantamento das atividades.
- Determinação das durações.
- Levantamento da quantidade de mão de obra.
- Elaboração da rede Pert-CPM da atividades.
- Obtenção do tempo de base da unidade.
- Cálculo do tempo de ritmo.
- Cálculo do ritmo.
- Determinação do número de equipes.
- Definição da estratégia de execução da obra.
- Diagramação da linha de balanceamento.

A unidade de repetição (n) adotada até dezembro de 2010 foi de 32 sobrados; até dezembro de 2011, de 45 sobrados.

A primeira lista de atividades para a execução de um sobrado foi realizada a partir da análise do orçamento e da rede Pert/CPM elaborados pela empresa, usando o método que vimos na Seção 5.1.1 deste livro.

Para estabelecer a lista de atividades que fariam parte do gráfico LOB, foi necessário verificar quais eram as atividades que influenciavam o andamento da obra.

A partir da análise do gráfico Pert/CPM elaborado pela empresa, foram escolhidas 19 atividades para representar a obra no gráfico LOB (ver a Figura 1 do anexo desta obra). Foi realizada uma rede Pert/CPM simplificada para uma unidade (sobrado), focando nas atividades de maior duração ou complexidade de execução.

Após a definição das atividades, foi realizado um levantamento dos quantitativos desses serviços com os dados do orçamento da obra e da análise das plantas da obra. Para determinar as durações das atividades, primeiramente foram utilizados índices de produtividade baseados em trabalhos anteriores de programação por linha de balanceamento. Esses cálculos resultaram em durações muito maiores do que a realidade da obra. Assim, optou-se por perguntar ao mestre e ao estagiário da obra, que participaram de obras similares anteriormente, quais são as durações de cada atividade para a construção de sobrados. Essa estratégia foi utilizada em estudos realizados para a programação da produção na construção de edifícios de múltiplos pavimentos (Mendes Junior, 1999).

O resultado adotado para cada atividade está ilustrado na Tabela 5.1.

Tabela 5.1 – Durações das atividades

Número	Atividade	Quantitativo	Duração (dias)
1	Serviços iniciais	327,97 m²	3
2	Formas	214,37 m²	2
3	Armadura	579,00 kg	2
4	Concreto	12,70 m³	3
5	Alvenaria externa	85,00 m²	2
6	Chapisco e emboço externo	61,87 m²	4
13	Alvenaria interna	130,00 m²	2
14	Chapisco, emboço e reboco interno	667,20 m²	16
15	Azulejo e piso cerâmico	380,90 m²	2
8	Louças	7,00 un	1
10	Regularização de piso	27,45 m²	2
11	Contrapiso	90,66 m²	2
12	Tampo de granito	4,00 un	1
16	Forro interno	31,20 m²	2
17	Massa corrida	2.144,00 m²	1
7	Porta de madeira	6,00 un	7
9	Metais	25,00 un	1
18	Pintura	1.125,00 m²	2
19	Calçada	14,75 m²	2

Fonte: Santos; Mendes Junior, 2001.

Para determinar a quantidade de mão de obra, primeiramente foram utilizados índices de produtividade baseados em trabalhos anteriores de programação por Linha de Balanceamento. Foram considerados somente os oficiais com uma jornada de trabalho diária de 8,8 h/dia. Entretanto, o resultado desses cálculos foram um número de oficiais muito maior do que a realidade da obra. Assim, optou-se por perguntar ao mestre e ao estagiário da obra qual era a quantidade ideal de oficiais necessários para realizar cada atividade para a construção dos sobrados. A determinação do número de oficiais foi baseada na experiência anterior da construção de obras similares em que o mestre e o estagiário faziam parte da equipe. Essa estratégia foi utilizada em estudos realizados para a programação da produção na construção de edifícios de múltiplos pavimentos (Mendes Junior, 1999).

Você pode ver o resultado adotado para cada atividade na tabela a seguir.

Tabela 5.2 – Levantamento de mão de obra

Número	Atividade	Equipe (N° Oficiais)
1	Serviços Iniciais	3
2	Formas	2
3	Armadura	2
4	Concreto	1
5	Alvenaria Externa	2
6	Chapisco e Emboço externo	4
13	Alvenaria interna	2
14	Chapisco, emboço e reboco interno	4
15	Azulejo e piso cerâmico	2
8	Louças	1
10	Regularização de piso	2
11	Contrapiso	2
12	Tampo de granito	1
16	Forro interno	2
17	Massa corrida	1
7	Porta de madeira	1
9	Metais	1
18	Pintura	2
19	Calçada	2
Total		37

Fonte: Santos; Mendes Junior, 2001.

A rede construída para esse projeto considerou as atividades que tinham impacto durante a execução da obra. Foram agrupadas as atividades afins e desconsideradas as atividades que podiam ser executadas em paralelo, tais como instalações elétricas e hidráulicas, peitoris, soleiras, entre outras. A Figura 5.3 mostra um traçado simplificado da rede para a obra do estudo de caso.

Figura 5.3 – Rede de precedências esquemática do estudo de caso

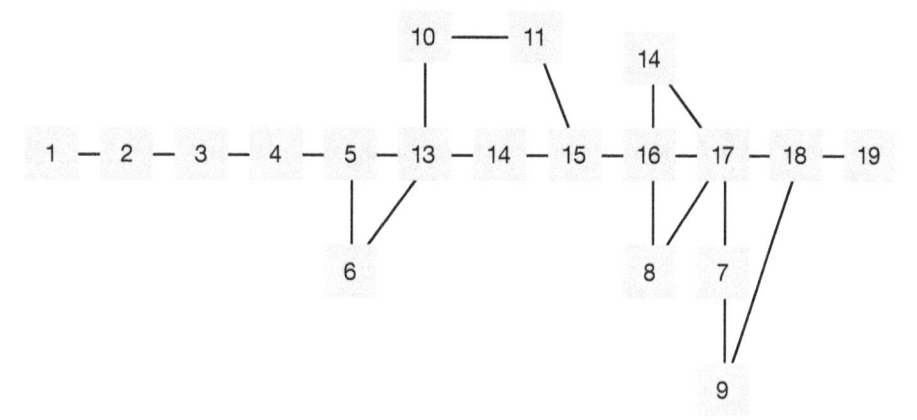

Fonte: Adaptado de Santos; Mendes Junior, 2001.

Neste estudo de caso, o tempo de base (Tb) ficou em 52 dias, em virtude da atividade "louças e metais" ser executada no mesmo dia e as atividades "contrapiso" e "regularização de piso" serem executadas paralelamente às outras atividades (não fazem parte do caminho crítico), conforme é possível observar na tabela a seguir.

Tabela 5.3 – Tempo de base

Número	Atividade	Duração (dias)	Duração adotada (dias)
1	Serviços Iniciais	3	3
2	Formas	2	2
3	Armadura	2	2
4	Concreto	3	3
5	Alvenaria Externa	2	2
6	Chapisco e Emboço externo	4	4
13	Alvenaria interna	2	2
14	Chapisco, emboço e reboco interno	16	16
15	Azulejo e piso cerâmico	2	2
8	Louças	1	1
9	Metais	1	
10	Regularização de piso	2	2
11	Contrapiso	2	2
12	Tampo de granito	1	1
16	Forro interno	2	2
17	Massa corrida	1	1

(continua)

(Tabela 5.3 – conclusão)

Número	Atividade	Duração (dias)	Duração adotada (dias)
7	Porta de madeira	7	7
18	Pintura	2	2
19	Calçada	2	2
Total		**57**	**52**

Fonte: Santos; Mendes Junior, 2001.

O tempo de ritmo foi calculado por meio da seguinte fórmula:

$$Tr = Dt - Tb - Tm$$

Em que:

Tm = tempo de mobilização;

Tb = tempo de base;

Dt = duração total.

O tempo de mobilização (Tm) considerado foi o adotado pela obra para a realização dos serviços preliminares de modo a viabilizar o início da obra. Da duração total (Dt), em dias trabalhados, foram reduzidos 10% em virtude de eventuais atrasos que pudessem ocorrer durante a execução dos serviços. Em virtude da necessidade de entregar 32 sobrados até dezembro de 2010 e os restantes 45 até dezembro de 2011, foram calculados dois tempos de ritmo:

$Tr_1 = 168 - 52 - 21 = 95$ dias
$Tr_2 = 277 - 52 - 21 = 204$ dias

O tempo de ciclo foi calculado por meio da seguinte fórmula:

$$Tc = \frac{Tr}{n-1}$$

$Tc_1 = \frac{95}{32-1} = 3,06$ dias/sobrado

$Tc_2 = \frac{204}{45-1} = 4,64$ dias/sobrado

O tempo de ciclo das atividades para os primeiros 32 sobrados foi de 3,06 dias/sob. e para os outros 45 foi de 4,64 dias/sob. A quantidade de equipes adotadas para cada atividade está descrita na Tabela 5.4. Devido ao baixo tempo de ritmo obtido por meio da relação indicada, a maioria das atividades ficou com uma única equipe. Para a atividade 7 (32 sobrados), foram adotadas duas equipes, com a finalidade de diminuir o tempo de execução e não comprometer o prazo da obra. Para a atividade 16 (45 sobrados), foi adotada uma equipe para direcionar a obra para um ritmo mais lento, dando tempo para que a construtora obtivesse recursos com a venda dos sobrados.

Tabela 5.4 – Quantidade de equipes

Número	32 sobrados		45 sobrados	
	Ne	Ne adotado	Ne	Ne adotado
1	0,25	1	0,35	1
2	0,17	1	0,24	1
3	0,17	1	0,24	1
4	0,25	1	0,35	1
5	0,17	1	0,24	1
6	0,33	1	0,47	1
13	0,17	1	0,24	1
14	1,33	3	1,89	1
15	0,17	1	0,24	1
8	0,08	1	0,12	1
10	0,17	1	0,24	1
11	0,17	1	0,24	1
12	0,08	1	0,12	1
16	0,17	1	0,24	1
17	0,08	1	0,12	1
7	0,58	2	0,83	1
9	0,08	1	0,12	1
18	0,17	1	0,24	1
19	0,17	1	0,24	1

Fonte: Santos; Mendes Junior, 2001.

Em virtude da necessidade de entregar 32 sobrados até final de dezembro de 2010, o diagrama da linha de balanceamento foi dividido em duas etapas. A primeira tem um ritmo mais rápido, em virtude do tempo de construção. A segunda etapa apresenta um ritmo mais lento, com a finalidade de permitir que a construtora refaça o seu fluxo de caixa.

No eixo horizontal estão os dias úteis de trabalho e no eixo vertical estão as unidades de repetição (sobrados). Os sobrados foram distribuídos por ruas, conforme o projeto, sendo um único empreiteiro o responsável por executar cada bloco de sobrados (ver Figura 2 do Anexo desta obra). Os retângulos coloridos do diagrama representam as atividades com suas determinadas equipes.

As aberturas representam diferença de ritmos entre as atividades. As aberturas do diagrama do estudo de caso foram analisadas de acordo com as disponibilidades de recursos que a empresa pretende investir, resultando, algumas vezes, em grandes espaços.

A principal vantagem encontrada na utilização da técnica da linha de balanceamento é a visualização global das atividades com as suas respectivas equipes. Esse acompanhamento é de grande importância durante a execução do projeto porque, dessa forma, é possível programar a compra de materiais. Outra vantagem da LOB é a possibilidade de visualizar a alocação das equipes por atividades, tornando possível o controle de entrada e saída de mão de obra.

A principal desvantagem da LOB é que o diagrama fica comprometido quando se colocam muitas atividades, além de prejudicar o entendimento devido a problemas de visualização. Outra desvantagem é que os atrasos que podem acontecer durante a execução do projeto, após o rebalanceamento do gráfico, ficam mascarados, isto é, o gráfico LOB não mostra o impacto do atraso no final do projeto.

5.2 Planejamento tático no sistema de produção por projetos

No planejamento tático, ou de médio prazo, devemos selecionar e definir quais e quantos recursos devem ser usados para alcançar as metas definidas pelo planejamento estratégico, assim como a sua forma de aquisição e organização para a estruturação do trabalho (Laufer; Tucker, 1987).

Os gerentes do nível tático, embora compartilhem alguns tipos semelhantes de responsabilidades com os de nível operacional, estão direcionados principalmente para a eficácia, assegurando-se de que as tarefas corretas estão sendo realizadas.

Para que haja um planejamento efetivo, é necessária a aplicação de algumas metodologias para sua divulgação e seu entendimento pela organização. O planejamento e o controle de um projeto exigem o seu conhecimento, o mais detalhado possível, o que só pode ser alcançado por meio da análise dos elementos que o compõem, sendo, portanto, o primeiro passo para bem planejá-lo (Garnier, 2000).

Para desenvolver o planejamento tático, precisamos (Prado, 1999):

- analisar, de maneira detalhada e sistemática, todos os documentos (desenhos, especificações etc.) e demais informações sobre o projeto, de forma a caracterizar cada um dos elementos componentes do projeto;

- estabelecer critérios de análise do projeto em função de objetivos a serem alcançados, como: obter elementos para o planejamento do projeto, em termos de prazo e custos; definir a tipologia dos insumos a serem aplicados, orçados e controlados; definir a responsabilidade pela aplicação correta dos insumos.

Para exemplificar o planejamento tático no sistema de produção por projetos, vamos analisar um estudo de caso, adaptado de Santos e Mendes Junior (2001).

Realizando-se entrevistas com as pessoas-chave de uma empresa de construção civil, verificou-se que não existia um planejamento das obras. A produção das peças pré-fabricadas era contínua, isto é, não era vinculada às vendas das casas, caracterizando uma "produção empurrada". Esse modelo de produção gerava perdas no sistema, como superprodução, estoques, investimento de capital desnecessário, entre outros.

Estudo *de caso*

O planejamento tático, nesse estudo de caso, foi desenvolvido por meio das seguintes etapas:

- **Definição do escopo**: Foram definidos quais eram os objetivos do empreendimento e quais seriam as possíveis alterações a serem adotadas com relação à metodologia atual utilizada pela empresa.

- **Definição da estratégia de execução da obra**: Para a realização do planejamento, buscou-se conhecer a dinâmica de execução das casas utilizada pela empresa.

- **Elaboração da estrutura de decomposição do trabalho (EDT)**: Os pacotes de trabalho da EDT foram elaborados de acordo com o momento da produção e montagem, isto é, os serviços foram agrupados de acordo com a sua ordem cronológica de execução.

- **Definição da sequência tecnológica**: Foi analisado o momento em que os produtos devem ser produzidos e comprados, tendo a finalidade de reduzir os estoques e diminuir o capital mobilizado. A definição da sequência tecnológica é fundamental para estabelecer a programação do projeto e analisar as interdependências entre as atividades.

- **Elaboração do orçamento executivo**: A cada pacote de trabalho da EDT foi associado um item de custo. O orçamento executivo baseou-se nos custos históricos da empresa quanto à compra de materiais e à contratação de mão de obra.

- **Alocação dos recursos**: Após a definição de todos os recursos (serviços com custo), eles foram alocados em cada pacote de trabalho da EDT.

- **Nivelamento dos recursos**: Após toda a alocação, verificou-se a existência de superlocação dos recursos; quando existia, era feito o seu nivelamento por meio da melhor distribuição durante o tempo do recurso em questão.

Observando a Tabela 5.5 e a Figura 5.4, podemos perceber que, inicialmente, os elementos pré-fabricados eram produzidos na fábrica e que, posteriormente, ocorria a montagem da casa no canteiro de obras. No planejamento tático, precisamos considerar a alocação dos recursos nas atividades e produzir o orçamento executivo com base nas informações geradas no planejamento.

Tabela 5.5 – Esquema do planejamento tático desenvolvido

Id	EDT	Nome da tarefa	Duração (d)	Custo (R$)
1	1	Casa unifamiliar	72	35.023,29
2	1.1	Aspectos administrativos e de legalização	15	0,00
3	1.1.1	Aspectos administrativos e de legalização	15	0,00
4	1.2	Elementos pré-fabricados	71	10.728,40
5	1.2.1	Sapatas pré-fabricadas de concreto	28	3.604,70
6	1.2.2	Painel pré-fabricado de concreto armado	28	4.672,99
7	1.2.3	Colunas pré-fabricadas de concreto	28	1.065,35
8	1.2.4	Madeiramento pré-fabricado para telha cerâmica	4	1.235,00
9	1.2.5	Oitão pré-fabricado de madeira	26	150,44
10	1.3	Instalações provisórias	5	2.898,81
11	1.3.1	Limpeza do terreno	2	170,00
12	1.3.2	Instalações provisórias (barracão, tapumes, água)	4	2.728,81
13	1.4	Produção da unidade habitacional	42	21.396,00
14	1.4.1	Estrutura	17	9.121,36
15	1.4.1.1	Montagem de sapatas pré-fabricadas	2	407,55
16	1.4.1.2	Baldrame em concreto armado	3	5.038,80
17	1.4.1.3	Montagem de colunas pré-fabricadas	3	255,75
18	1.4.1.4	Montagem de painéis pré-fabricados	4	725,41
19	1.4.1.5	Reaterro entre baldrames	2	127,05
20	1.4.1.6	Cinta de amarração	3	2.566,80
21	1.4.2	Cobertura	18	1.774,22
22	1.4.2.1	Montagem de madeiramento pré-fabricado	4	638,22
23	1.4.2.2	Colocação de oitão de madeira	2	110,00
24	1.4.2.3	Colocação de telhas de cumeeiras	0	1.026,00
25	1.4.3	Instalações	5	2.400,00
26	1.4.3.1	Instalações hidráulicas e sanitárias	5	1.500,00
27	1.4.3.2	Instalações elétricas	4	900,00
28	1.4.4	Revestimentos	8	1.410,40
29	1.4.4.1	Emboço de área molhada	1	551,67
30	1.4.4.2	Colocação de azulejos	2	858,73
31	1.4.5	Carpintaria/ serralheria	6	1.823,07
32	1.4.5.1	Colocação de portas e janelas	2	960,00
33	1.4.5.2	Forro de madeira de pinho	4	863,07
34	1.4.6	Pisos, rodapés e soleiras	11	2.510,06
35	1.4.6.1	Concretagem de piso	3	763,02
36	1.4.6.2	Nivelamento de piso	3	437,25
37	1.4.6.3	Piso cerâmico c/ cimento colante	3	1.180,64

(continua)

(Tabela 5.5 – conclusão)

Id	EDT	Nome da tarefa	Duração (d)	Custo (R$)
38	1.4.6.4	Rodapé cerâmico 7.5 x 15 cm	2	129,15
39	1.4.7	Pintura	29	2.160,64
40	1.4.7.1	Pintura de portas	2	582,24
41	1.4.7.2	Pintura de janelas	3	112,20
42	1.4.7.3	Látex duas demãos em paredes externas	4	784,70
43	1.4.7.4	Látex duas demãos em paredes internas	3	255,78
44	1.4.7.5	Pintura de forro de madeira	2	363,34
45	1.4.7.6	Pintura de beirais	3	62,38
46	1.4.8.	Limpeza	2	196,25
47	1.4.8.1	Limpeza geral	2	196,25

Fonte: Santos; Mendes Junior, 2001.

Figura 5.4 – Esquema do planejamento executivo desenvolvido

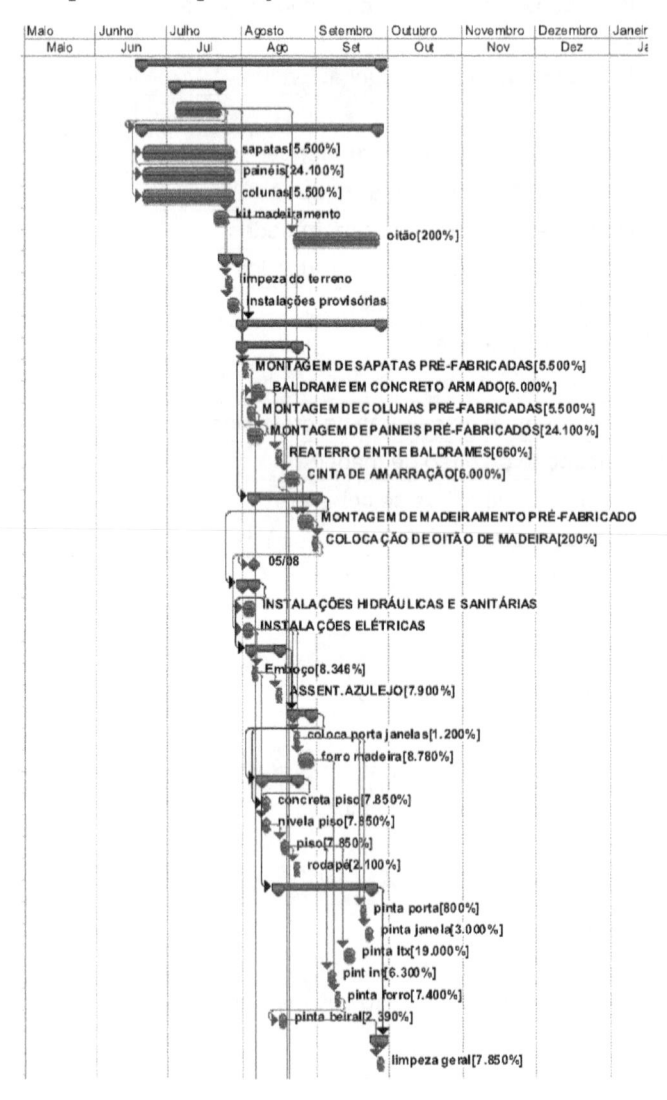

Fonte: Santos; Mendes Junior, 2001.

O planejamento tático em indústrias que trabalham por projetos apresenta vantagens em seu uso, como: maior certeza no custo do empreendimento e no dimensionamento do tempo e na qualidade do projeto e maior clareza para nortear de forma concisa as tomadas de decisão que ocorrem durante o projeto. Esse método também apresenta dificuldades, especialmente por requerer mais tempo para sua elaboração (maior detalhamento). Além disso, para que apresente benefícios, é preciso que o controle da obra seja conciliado ao orçamento executivo, fatores que implicam mudanças culturais e organizacionais para a aceitação desse novo modelo.

A empresa pôde perceber que, com a utilização do planejamento tático, o projeto tende a ser administrado seguindo os mesmos princípios do *Lean Manufacturing*. O poder de tomada de decisão foi aumentado e o balanceamento das equipes de trabalho foi propiciado por meio da pré-programação mediante a utilização de ferramentas como: curvas de agregação de recursos, linha de balanceamento e programação de recursos. Foi possível prever o custo de mobilização e desmobilização da mão de obra ao longo do tempo, sendo possível, da mesma forma que com o item anterior, utilizar curvas de agregação de recursos. A administração de compras de materiais e a de equipamentos também foi beneficiada, pois com o uso do orçamento executivo a programação das compras pôde ser ajustada.

5.3 Programação da produção no sistema de produção por projetos

No planejamento de curto prazo, devemos envolver o pessoal da produção com as tarefas que precisam ser realizadas. Para tanto, podemos utilizar uma ferramenta chamada *planejamento look ahead*. Segundo Ballard (1997), os procedimentos necessários para a elaboração do planejamento *look ahead* são os seguintes:

- Detalhar os procedimentos por meio de experimentação.
- Reunir os parceiros para concordar sobre os procedimentos de planejamento e sobre as informações do fluxo.
- Providenciar suporte adicional onde for necessário e considerar planejadores de tarefas para os encarregados.
- Treinar os participantes do sistema sobre os procedimentos.
- Desenvolver significados para informações parciais entre a construção e os seus fornecedores, divulgando os cronogramas de compras e os projetos por meio de redes parciais.
- Explorar tentativas de uso de modelagem de processo como ferramentas para agendar.
- Alinhar os fornecedores internos com o sistema de controle e com a filosofia, reestruturando a compra de materiais (trocar grande lotes por pequenos).
- Melhorar e ajustar o cronograma mestre.
- Analisar o CPM das tarefas antes de planejar as tarefas das próximas semanas.
- Listar ações necessárias para que as responsabilidades estejam prontas conforme agendado.
- Planejar somente as tarefas que têm todas as condições de serem inciadas.
- Carregar a força de trabalho conforme a sua capacidade.

Segundo Mendes Junior (1999), "o planejamento *look ahead* tem a finalidade de reduzir as incertezas que podem estar relacionadas aos objetivos do projeto, à conclusão desses objetivos, ao fluxo de serviços, à avaliação da mão de obra, entre outras".

Como estratégia para gerenciar condições de fluxo com incertezas, a metodologia *look ahead* prevê a criação de uma proteção (*shielding*) entre as atividades, isto é, cada atividade que possui incertezas deve ter um tempo de folga no seu planejamento; a *shielding* irá reduzir à medida que as incertezas vão sendo resolvidas. O objetivo maior é chegar a um planejamento sem folgas, isto é, sem incertezas. A *shielding* melhora a produtividade da produção de tarefas e também a produtividade do processo do cliente, resultando em baixo custo e curta duração do empreendimento (Bernardes, 1996).

Esse planejamento normalmente é realizado para uma semana, podendo chegar até a um mês de horizonte. Agregado ao planejamento *look ahead*, utiliza-se o planejamento *last planner* (curtíssimo prazo), o qual visa alcançar a real capacidade do sistema de produção, tendo um envolvimento direto com o encarregado da produção. No planejamento de curto prazo, são programadas somente as atividades em que não há interferências ou precedências que possam impedir a realização dos serviços. Seguindo essa abordagem, é possível monitorar a eficácia da situação atual e futura do planejamento por meio de indicadores de desempenho relacionados ao número de tarefas concluídas em relação às previstas; o resultado é denominado *PPC* (percentagem do planejamento concluído), que é calculado por meio da seguinte fórmula:

$$\text{PPC (\%)} = \frac{\text{N° de atividades concluídas}}{\text{N° de atividades planejadas}}$$

Segundo Ballard (1997), os procedimentos para a implementação do planejamento *last planner* são os seguintes:

- Identificar e priorizar as tarefas realizáveis.
- Determinar a capacidade de mão de obra para a próxima semana.
- Selecionar atividades por tamanho e capacidade.
- Listar os excessos de tarefas e mão de obra.
- Verificar o andamento de cada atividade a cada dia e listar os motivos da não completude de tarefas.
- O gerente deve analisar o plano semanal e atuar sobre as causas dos problemas.

Estudo de caso

Para exemplificar a utilização do planejamento operacional (de curto prazo) vamos analisar um estudo de caso adaptado de Santos e Mendes Junior (2001).

O empreendimento escolhido é o mesmo abordado na Seção 5.1 deste livro. É um empreendimento formado por 77 sobrados com área média de 130 m² cada um.

Durante cinco semanas, foram realizadas visitas ao canteiro de obras da empresa. Por meio de entrevistas e observações no local, foi diagnosticada a situação da obra, com base nos conceitos dos planejamentos *look ahead* e *last planner*.

As visitas foram realizadas durante as segundas-feiras de cada semana com a participação do estagiário da obra e, algumas vezes, com o engenheiro responsável, com a finalidade de planejar a semana corrente.

Foram analisados os documentos do planejamento atual (realizado pela empresa com o auxílio do *software* Project) que se encontravam no canteiro de obras e que são baseados exclusivamente em um cronograma de barras.

O planejamento *look ahead* foi realizado pelo estagiário da obra na segunda semana de intervenção, baseado em uma planilha predefinida que contém dados que demonstram a programação para as próximas cinco semanas (veja o Quadro 5.1).

Quadro 5.1 – Modelo de planilha look ahead

Plano 5 semanas									
Obra: Moradas do Bosque					Semanas				
Local	Empreiteiro	Equipe	Início	Final	7 a 11/08	14 a 18/08	21 a 25/08	28 a 1º/09	4 a 8/09
Millenium III	Silvino	1 encarregado	6/ago	3/set	Elétrica e hidráulica				
		4 pedreiros	25/ago	31/ago				Impermeabilização	
		4 carpinteiros	18/ago	25/ago			Contrapiso inferior		
			14/ago	28/ago			Alvenaria superior		
			1º/set	9/set					Laje de cobertura
			28/ago	29/set				Emboço interno	
Sobrados 49-52	Orlando	3 pedreiros	14/ago	22/ago		Alvenaria superior			
		3 carpinteiros	16/ago	23/ago		Laje de cobertura			
		1 armador	8/ago	8/ago	Concretagem da laje				

(continua)

(Quadro 5.1 – conclusão)

Plano 5 semanas									
Obra: Moradas do Bosque					Semanas				
Local	Empreiteiro	Equipe	Início	Final	7 a 11/08	14 a 18/08	21 a 25/08	28 a 1º/09	4 a 8/09
Millenium II	Silvino	1 encarregado	21/ago	4/set			Alvenaria superior		
		4 pedreiros	4/set	18/set					Laje de cobertura
		5 carpinteiros	11/ago	13/out	Hidráulica e elétrica				
			4/set	18/set					Emboço inferior
			4/set	12/set					Contrapiso
Sobrados 36-42	J. Odor	2 carpinteiros	18/jul	2/set	Baldrame				
		2 armadores	18/ago	23/set			Alvenaria do térreo		
			1º/set	28/set					Laje superior
Sobrados 24-28	Sr. Travinski	2 pedreiros	21/ago	23/set			Baldrame		
		3 carpinteiros	28/ago	30/set				Alvenaria do térreo	
			4/set	7/out					Laje superior
Sobrados 13-18	Silvino	1 encarregado	31/ago	16/set			Alvenaria do térreo		
		4 pedreiros							
		4 carpinteiros							
Sobrados 58-61	Orlando	3 carpinteiros	25/ago	6/set			Alvenaria superior		
		3 pedreiros	4/set	16/set					Laje de cobertura
		1 contra-mestre	1/set	16/set					Emboço inferior interno
			18/ago	7/out			Hidráulica e elétrica		

Fonte: Santos; Mendes Junior, 2001.

O planejamento *last planner* foi executado a cada visita, mediante reuniões com o estagiário da obra, nas quais era preenchida uma planilha com os dados detalhados dos trabalhos que seriam executados durante a semana (Tabela 5.6).

Tabela 5.6 – Modelo de planilha last planner

Última semana da obra = 5							
Data	Atividade	Local	Equipe	% Prog	Dias	% Concluído	Problema
21/8/2000	Forma	Sobrados 13-18	Silvino	25	0	25	nenhum
21/8/2000	Forma	Sobrados 13-18	Silvino	25	0	25	nenhum
21/8/2000	Forma	Sobrados 24-28	Travinski	25	0	25	nenhum
21/8/2000	Forma	Sobrados 24-28	Travinski	25	0	0	Programação
21/8/2000	Forma	Sobrados 36-42	João Odor	25	0	25	nenhum
21/8/2000	Forma	Sobrados 36-42	João Odor	25	0	0	Tarefas anteriores
21/8/2000	Ferragens	Sobrados 13-18	Silvino	25	0	25	nenhum
21/8/2000	Taliscas	Millenium III	Silvino	25	0	25	nenhum
22/8/2000	Alvenaria	Millenium II	Silvino	25	0	25	nenhum
22/8/2000	Alvenaria	Sobrados 36-42	João Odor	25	0	25	nenhum
22/8/2000	Alvenaria	Sobrados 49-52	Orlando	25	0	25	nenhum

Fonte: Santos; Mendes Junior, 2001.

Comparando esse planejamento operacional com o planejamento tático, do Estudo de Caso da Seção 5.1, verificamos que eles não estavam conseguindo cumprir a programação prevista (Tabela 5.7).

Tabela 5.7 – Comparação do planejamento operacional em relação ao planejamento tático

Sobrados	Atividades Previstas	Atividades Concluídas	Situação
Millenium II	5	4	atrasado
Millenium III	6	4	atrasado
36-42	3	2	atrasado
13-18	1	0	atrasado
58-61	4	2	atrasado
49-52	3	2	atrasado
24-28	3	2	atrasado

Fonte: Santos; Mendes Junior, 2001.

De maneira geral, verificou-se que o modelo de planejamento utilizado pela empresa na execução do condomínio de sobrados não estava sendo eficiente. A grande maioria das decisões do planejamento era realizada no escritório da empresa, sem o envolvimento do setor operacional.

As decisões estratégicas do escritório para a obra eram baseadas em programações anteriores, as quais não levavam em conta as peculiaridades do canteiro de obras. Existia uma retroalimentação do sistema por meio de dados baseados na realização ou não das tarefas; entretanto, não eram tomadas decisões que pudessem prevenir a ocorrência de problemas, em vez de somente corrigi-los.

Durante as cinco semanas de visitas ao canteiro de obras, foram planejadas 249 atividades, sendo que 181 foram concluídas de acordo com o planejamento semanal, resultando em um PPC de 73%.

A partir da terceira semana, o estagiário começou a pensar em planejar somente as atividades que não apresentavam possibilidade de variação, atingindo um PPC de 90% na quarta semana. Entretanto, na quinta semana aconteceram 31 problemas, resultando em um PPC de 47%. O motivo para a queda do PPC foi o fato de o feriado ter ocorrido no meio da semana. Segundo o estagiário, o pessoal estava comprometido a trabalhar no feriado para adiantar a obra, porém isso não aconteceu.

A Tabela 5.8 demonstra os tipos de problemas que originaram o PPC médio de 73%. Observando os dados, verificamos que a maioria dos problemas refere-se ao mesmo recurso: pessoal. Dos 68 problemas encontrados, 57 referem-se ao recurso mão de obra.

Tabela 5.8 – Causas de problemas no planejamento

Problemas	Semanas				
	1	2	3	4	5
Pessoal	10	9	6	2	30
Material	1	1			1
Programação		1	3		
Tarefas anteriores			2		
Clima				2	
Total	**11**	**11**	**11**	**4**	**31**

Fonte: Santos; Mendes Junior, 2001.

Analisando a situação da obra deste estudo de caso, em especial o tempo e os recursos gastos para planejar o empreendimento, verificamos que a metodologia de planejamento adotada pela empresa foi problemática. O principal fato é que o planejamento realizado no escritório não espelha a realidade da obra e não auxilia na execução dos serviços, pois somente tem a função de cobrança.

Para que o processo de planejamento da obra seja mais eficiente, sugerimos não somente a retroalimentação de informações da obra ao planejamento realizado no escritório, mas também que a programação real seja realizada na obra, pois o planejamento tático e o planejamento operacional são suficientes para que a obra consiga seguir com eficiência o cronograma programado (Mendes Junior, 1999).

O ponto-chave para se chegar a um planejamento eficaz é o envolvimento do pessoal da área de produção. Dessa forma, é possível gerar o comprometimento da mão de obra com a execução dos serviços, além de tornar o processo mais transparente.

Na empresa que acabamos de estudar, verificamos que é possível implementar as técnicas de planejamento *look ahead* e *last planner*, visto que já existe uma estrutura de planejamento. Para tanto, é necessário treinar os recursos humanos com a finalidade de criar um espírito participativo, visando ao comprometimento de todos com o planejamento da obra.

5.4 A função de compras de materiais no sistema de produção por projetos

Santos (2006) afirma que a área de compras de empresas que adotam o sistema de produção por projetos pode ser estruturada de forma proativa, desde que a organização realize sistematicamente o planejamento detalhado da produção e haja a possibilidade de utilizá-lo para realizar o planejamento das compras de forma antecipada. Dessa forma, existe a possibilidade de negociar com diversos fornecedores a demanda de matérias para um longo período de tempo e estabelecer contratos, com fornecedores estratégicos, que garantam as condições de compra para um longo período de tempo. A Figura 5.5 ilustra a ação das diferentes áreas da organização (produção, engenharia, gestão de pessoas, finanças, *marketing*) que devem contribuir com informações para a realização do planejamento das compras, bem como as principais atividades que a área de compras deve realizar para poder implantar a compra proativa, visando atender às demandas dos clientes.

Figura 5.5 – Modelo de compra proativa

Fonte: Santos; Jungles, 2008.

Conforme descrito por Burt e Pinkerton (1996), com a implantação da compra proativa, a função de compras de materiais fica focada nas atividades estratégicas, isto é, na realização do planejamento das aquisições e, também, no relacionamento com os fornecedores. Com isso, a fase operacional torna-se mais ágil em comparação ao modelo tradicional, indo também ao encontro das necessidades do cliente final – ou seja, é preciso entregar o material na quantidade certa, no momento certo e também nas melhores condições de compra.

■ Síntese

Um projeto é um conjunto de atividades inter-relacionadas, executadas uma única vez com o objetivo de criar um produto único. O Planejamento, Programação e Controle da Produção (PPCP) de projetos é um desafio principalmente porque cada projeto é único e existe pouca repetição entre as atividades. Para estruturar um planejamento estratégico dentro do sistema de produção por projetos, podemos utilizar a linha de balanceamento (LOB), que tem a finalidade de calcular um ritmo adequado para o sistema produtivo a fim de entregar o projeto dentro do prazo estimado. Para utilizar a LOB, é necessário ter uma unidade de repetição. A médio prazo, podemos utilizar o planejamento tático para gerenciar o sistema de produção por projetos. Nesse nível, utilizamos pacotes de trabalho e estruturamos o plano em famílias por meio da utilização da estrutura de decomposição dos trabalhos (EDT). Já no planejamento operacional, precisamos de ferramentas que possibilitem o envolvimento da mão de obra direta na realização das atividades. Para tanto, podemos utilizar o *look ahead* e o *last planner*. O primeiro tem a finalidade de planejar as atividades ao longo das semanas, chegando ao horizonte de um mês. Já o *last planner* está focado nas atividades que podem ser realizadas ao longo dos dias, atingindo o horizonte de uma semana.

■ Questões para revisão

1. Marque verdadeiro (V) ou falso (F) para as seguintes sentenças:

    ( ) O ciclo de vida de um projeto passa pelas fases conceitual, de planejamento e de execução.

    ( ) A definição da duração da atividade do plano do projeto deve ocorrer baseando-se na experiência do planejador ou em dados históricos.

    ( ) Para definir o caminho crítico do projeto, é necessário conhecer a dependência entre as atividades principais do projeto.

( ) As atividades do caminho crítico do projeto representam as atividades mais onerosas do projeto.

( ) Os marcos do projeto representam pontos de checagem intermediários.

2. O que é folga? Qual é a importância do uso da folga no planejamento?
3. Como a definição de escopo impactará sobre o resultado do projeto?
4. Qual é a finalidade da linha de balanceamento?
5. A EDT (estrutura de decomposição do trabalho) **não** deve conter:
    a. todas as atividades vinculadas.
    b. os marcos do projeto.
    c. as atividades agrupadas em família.
    d. o grau de importância de cada atividade.

■ Questões para reflexão

1. Qual é a relação existente entre o plano de produção, o plano mestre da produção e a programação da produção em relação ao dimensionamento do tempo?
2. Quais são os desafios para implantar a compra proativa no sistema de produção por projetos?

6 Acompanhamento e controle da produção

Conteúdos do capítulo
- *As ferramentas de acompanhamento e controle da produção.*

Após o estudo deste capítulo, você será capaz de:
1. *entender as características de diferentes ferramentas de acompanhamento e controle da produção.*

O acompanhamento e o controle da produção têm função ímpar para se alcançar a eficácia do sistema produtivo, pois tudo o que foi planejado deverá ter seus resultados controlados. Terminado o planejamento e iniciada a implementação, o acompanhamento e o controle do andamento da produção são cruciais para que se atinja o sucesso (Casarotto Filho; Fávero; Castro, 1999).

O planejamento mostra o que se pretende fazer. O acompanhamento mostra o que foi feito. Se colocados lado a lado, eles evidenciam as situações em que o desejado e o realizado apresentaram variações – ou seja, os desvios –, permitindo identificar as situações em que a execução saiu do caminho originalmente traçado e, portanto, sinalizando onde ações de controle devem ser implementadas para levar o trabalho de volta ao rumo originalmente previsto (Figueiredo; Figueiredo, 1999).

Durante o gerenciamento da produção, existem parâmetros que devem ser controlados para que o objetivo final seja atingido dentro dos padrões preestabelecidos.

Os métodos de controle podem ser divididos em três grupos (Limmer, 1997):

1. **Controles técnicos**: Referem-se a aspectos da qualidade dos materiais e da execução dos serviços, além da verificação da conformidade com as especificações estabelecidas.
2. **Controles econômicos**: Referem-se à verificação das quantidades de serviço realizadas e aos custos incorridos para a sua realização.
3. **Controles financeiros**: Estão relacionados com o fluxo de caixa do empreendimento.

As principais atividades que envolvem o acompanhamento e o controle da produção são (Lustosa; Nanci, 2008):

- Comparar os resultados obtidos com os planos principais.
- Coletar e avaliar os resultados e compará-los aos padrões de desempenho.
- Criar meios efetivos para medir as operações.
- Comunicar aos envolvidos os meios de medição que serão utilizados.
- Transferir dados detalhados de forma que revelem as comparações e as variações.
- Sugerir e implantar as ações corretivas quando necessárias.
- Informar aos interessados o resultado da avaliação.

No sistema de produção em massa, o controle é realizado por meio do controle estatístico da qualidade, isto é, os produtos são verificados por amostragem. Existe um departamento especializado responsável por realizar esse controle, o qual busca identificar os defeitos dos produtos para poder classificá-los em diferentes padrões. Dependendo da classe alcançada na avaliação, o lote do produto pode retornar ao processo produtivo para retrabalho. Quando possível, pode ser eliminado ou pode ser comercializado com preços diferenciados – isso vai depender do tipo de negócio da empresa e também das exigências do mercado consumidor.

O objetivo principal do controle estatístico da qualidade não é distinguir a variação entre os produtos, mas sim separar as variações aceitáveis daqueles produtos que indicam problemas (Shingo, 1996).

Já na produção *Just in Time* (JIT), a qualidade é total, isto é, todos os produtos devem ser produzidos dentro do padrão de qualidade previamente estabelecido. No JIT, não existe erro aceitável, pois busca-se a perfeição. O estabelecimento dessa meta é o que leva ao aprimoramento contínuo. A qualidade é 100%. Para tanto, utilizam-se, de forma intensa, dispositivos à prova de erros, conhecidos como *poka yokes*.

No sistema de produção por projetos, o controle da qualidade deve ser feito por pacotes de trabalho, por meio dos quais é possível verificar se um subproduto foi entregue dentro dos padrões previamente estabelecidos.

Neste livro, não iremos separar as ferramentas de controle da produção por sistema produtivo, porque elas podem ser aplicadas em diferentes contextos, sendo utilizadas pelas organizações de forma intensa. As ferramentas da qualidade foram estruturadas, principalmente, a partir da década de 1950, com base em conceitos e práticas de produção existentes. Desde então, o seu uso tem sido de grande importância para a gestão do sistema produtivo.

Existem diferentes ferramentas para controlar o sistema produtivo. Elas devem ser utilizadas para possibilitar que a empresa alcance as suas metas. Essas ferramentas fornecem dados que ajudam a compreender a razão dos problemas, de modo que o gestor possa tomar medidas para eliminá-los. A seguir, serão apresentadas as características de cada uma dessas ferramentas.

6.1 Fluxograma

O fluxograma tem como finalidade identificar o caminho real e ideal para um produto ou serviço com o objetivo de identificar os desvios. É uma ilustração sequencial de todas as etapas de um processo, mostrando como cada etapa é relacionada. Utiliza símbolos facilmente reconhecíveis para denotar os diferentes tipos de operações em um processo (Santos, 2011). Veja um exemplo na Figura 6.1.

Figura 6.1 – Exemplo de fluxograma

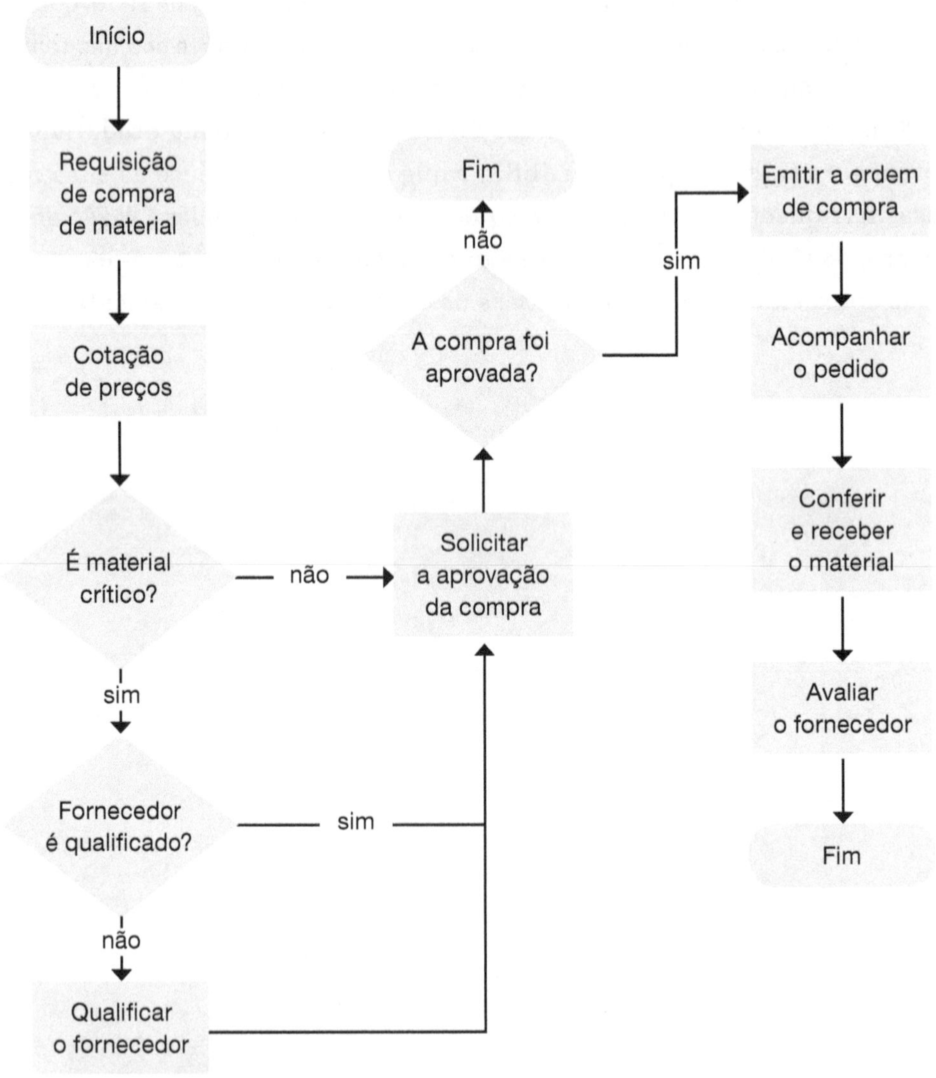

6.2 Diagrama Ishikawa

O diagrama Ishikawa, também conhecido como *Espinha de peixe* ou *de causa e efeito*, tem como finalidade explorar e indicar todas as causas possíveis de uma condição ou de um problema específico. O diagrama Ishikawa foi desenvolvido para representar a relação entre o efeito e todas as possibilidades de causa que podem contribuir para esse efeito (Seleme; Stadler, 2010).

Figura 6.2 – Dimensões do diagrama de Ishikawa

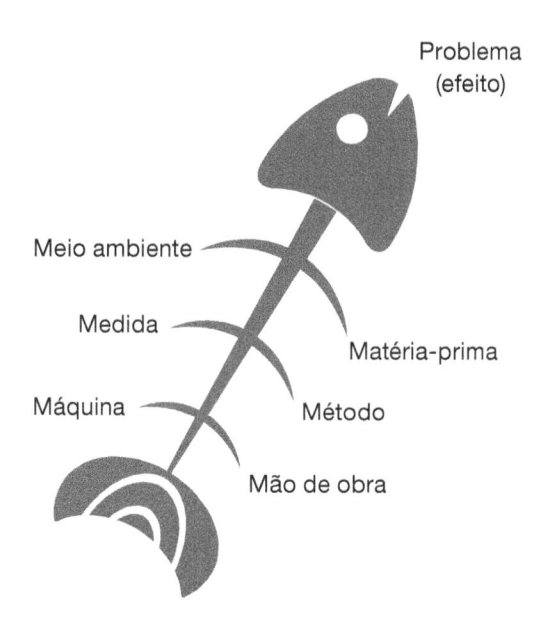

6.3 Folhas de verificação

As folhas de verificação são tabelas ou planilhas simples usadas para facilitar a coleta e a análise de dados. O uso das folhas de verificação economiza tempo, eliminando o trabalho de desenhar figuras ou de escrever números repetitivos. São formulários planejados, nos quais os dados coletados são preenchidos de forma fácil e concisa. Registram os dados dos itens a serem verificados, permitindo uma rápida percepção da realidade e uma imediata interpretação da situação, ajudando a diminuir erros e confusões (Seleme; Stadler, 2010). Veja o Quadro 6.1, a seguir.

Quadro 6.1 – Exemplo de folha de verificação

Característica	Lote						
	1	2	3	4	5	6	7
Bolhas		x		x			
Manchas							
Rugosidade			x		x		x
Descolamento	x					x	
Ferrugem		x			x		

6.4 Histograma

O histograma tem como finalidade mostrar a distribuição dos dados por meio de um gráfico de barras que indica o número de unidades em cada categoria. Um histograma é um gráfico de representação de uma série de dados (Santos, 2011). Veja um exemplo, no gráfico a seguir.

Gráfico 6.1 – Exemplo de histograma

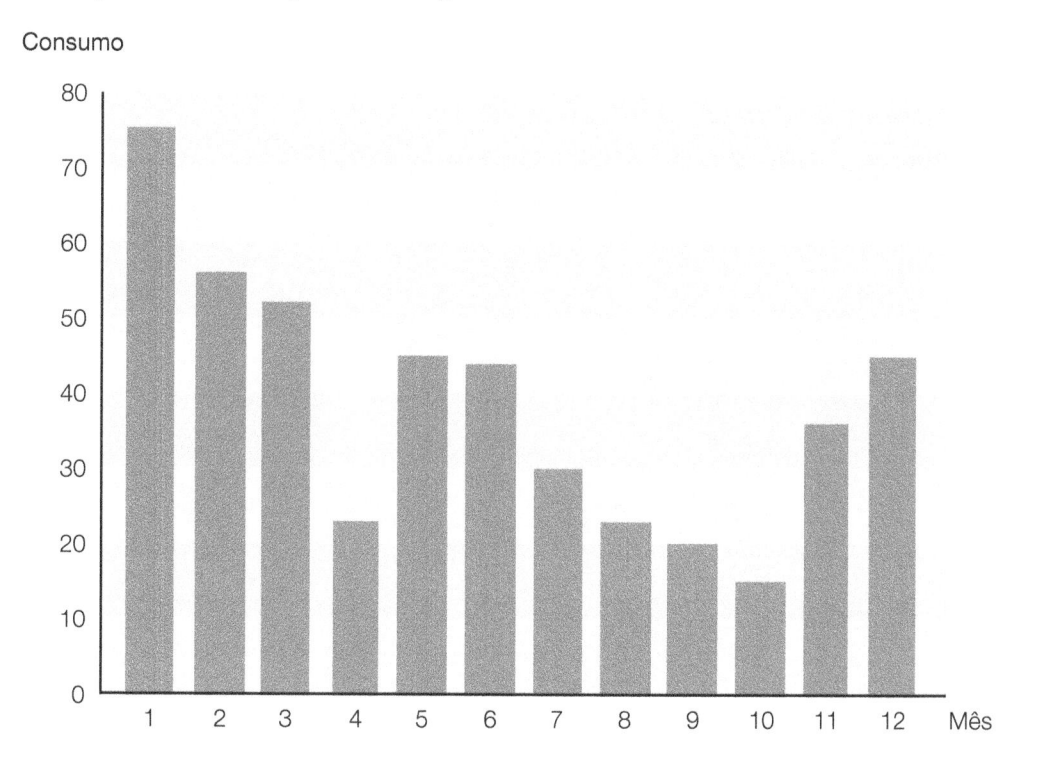

6.5 Diagrama de Pareto

O diagrama de Pareto tem como finalidade mostrar a importância de todas as condições, a fim de que seja possível escolher o ponto de partida para a solução do problema, identificar a causa básica deste e monitorar o sucesso. Velfredo Pareto identificou que aproximadamente 20% do povo detinha 80% da riqueza, criando uma condição de distribuição desigual. Os diagramas de Pareto podem ser usados para identificar o problema mais importante por meio do uso de diferentes critérios de medição, como frequência ou custo (Santos; Jungles, 2008).

Gráfico 6.2 – Exemplo de diagrama de Pareto

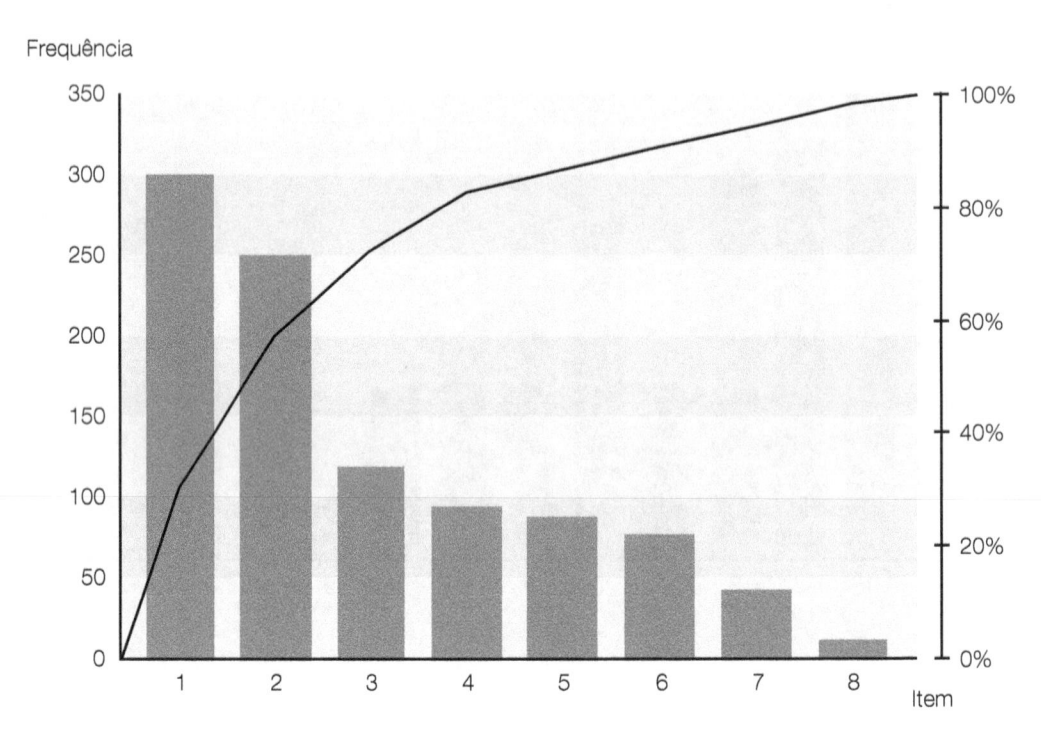

6.6 A curva ABC

O nível de controle a ser adotado no sistema de produção deve seguir critérios de avaliação mensurados pela administração do empreendimento. Um critério de seleção bastante utilizado é a classificação ABC, que procura avaliar o percentual de participação de cada item no custo total do projeto.

A classificação ABC é baseada no princípio de Pareto, que vimos anteriormente, o qual comprova que aproximadamente 20% do total de itens corresponde a 80% do custo total do empreendimento, formando, dessa forma, os itens do grupo A. Já os itens do grupo B correspondem a cerca de 15% do custo total, abrangendo aproximadamente 20% do total de itens. Os itens do tipo C, de menor importância, apesar de representarem algo em torno de 60% do total de itens, correspondem a apenas 5% do custo total (Limmer, 1997).

A curva ABC é fundamental para a gestão de estoques. Com essa ferramenta, o gestor identifica quais são os itens que necessitam de maior atenção na fase de controle e, principalmente, possibilita que a área de compras concentre esforços na negociação dos itens que podem gerar maior economia para a empresa (Santos; Jungles, 2008).

Assim, os gestores podem utilizar mecanismos de controle de estoques diferenciados, pois os itens de maior percentual acumulado precisam ser monitorados rotineiramente, enquanto que os itens do tipo C podem ser monitorados por amostragem.

Vale lembrar que a curva ABC analisa os itens de acordo com a sua importância em relação ao custo. Isso não quer dizer que esses itens não são importantes dentro do processo produtivo.

Gráfico 6.3 – Representação da curva ABC

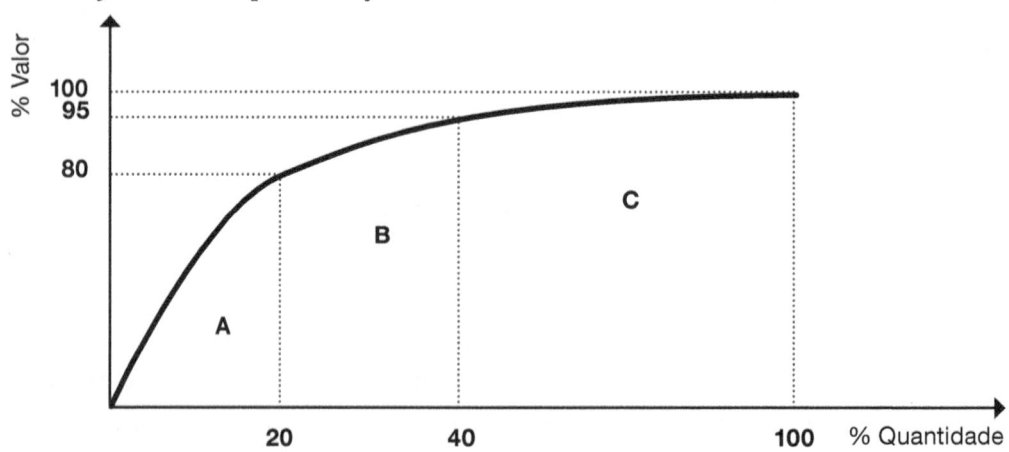

Independentemente do sistema de produção da organização, o acompanhamento das tarefas deverá existir. Devem ser feitas reuniões periódicas (semanais ou quinzenais) para verificar quão próximo do planejado estão os trabalhos e prever quais problemas poderão ocorrer no futuro próximo. As decisões dessas reuniões devem ser escritas em um documento, cuja extensão e nível de detalhe estão intimamente relacionados com o nível de controle da produção.

O relatório de progresso geralmente contém a análise de anomalias, também conhecida por *relatório de 3 gerações* ou *PPF* (passado, presente e futuro) (Castro, 2005). Para cada atividade com problemas de execução, é preciso analisar:

- o que foi planejado;
- o que foi realizado;
- o resultado obtido (diferença entre planejado e realizado);
- as causas;
- as proposições de correção das anomalias, com prazos e responsáveis.

A análise de vulnerabilidades ou de riscos procura levantar problemas que poderão ocorrer no futuro próximo. Para cada item de risco, é feita uma avaliação (risco baixo, médio ou alto), estabelecida uma contramedida e designado um responsável e um prazo para realização.

Um Gráfico de Gantt atualizado (como veremos logo adiante) é produzido com base nos dados de andamento e nos dados de replanejamento das atividades futuras. Finalmente, com base na análise anterior, é preciso rever o planejamento para as atividades a serem efetuadas no futuro imediato (semana seguintes ou quinzena seguinte), tais como necessidades de recursos, designação de responsáveis, entre outras.

6.7 Diagrama de dispersão

O diagrama de dispersão mostra o que acontece com uma variável quando a outra muda, para testar possíveis relações de causa e efeito. Esse diagrama ilustra o comportamento de uma variável ao longo do tempo e possibilita identificar a tendência da linha (crescente ou decrescente) que une os pontos.

Gráfico 6.4 – Exemplo de diagrama de dispersão

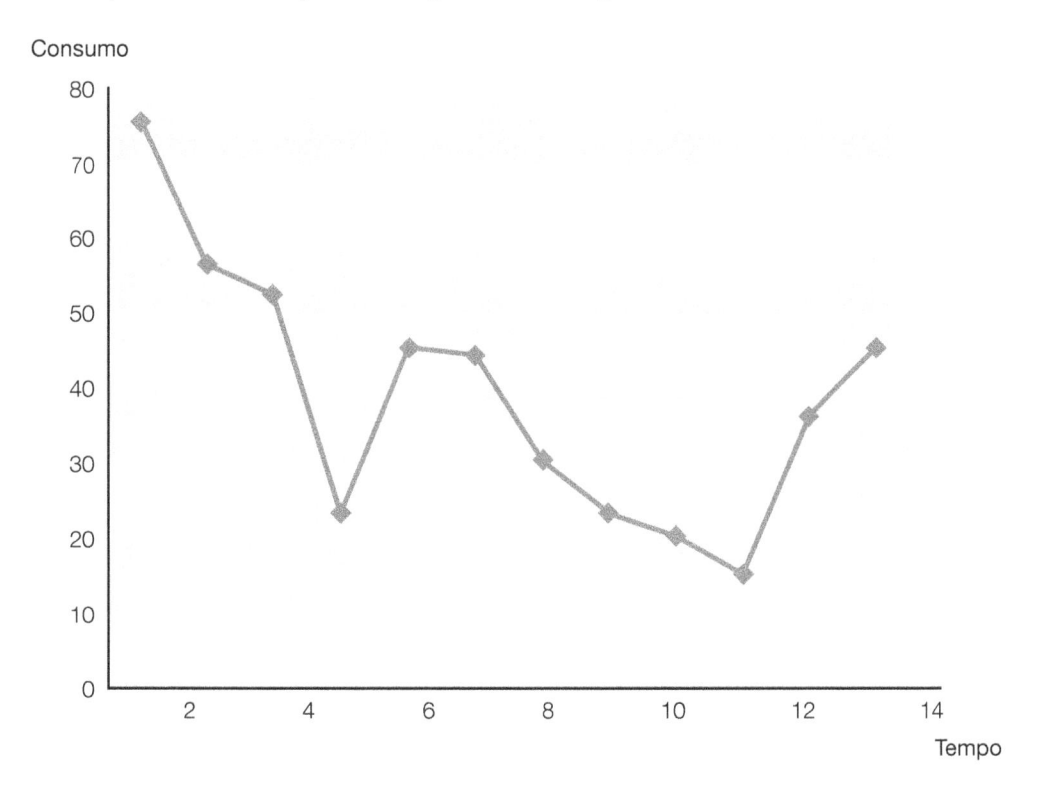

6.8 Cartas de controle

As cartas de controle são usadas para mostrar as tendências dos pontos de observação em um período de tempo. Os limites de controle são calculados aplicando-se fórmulas simples aos dados do processo. As cartas de controle podem trabalhar tanto com dados por variável (mensuráveis) quanto com dados por atributo (discretos) (Seleme; Stadler, 2010).

Gráfico 6.5 – Exemplo de carta de controle

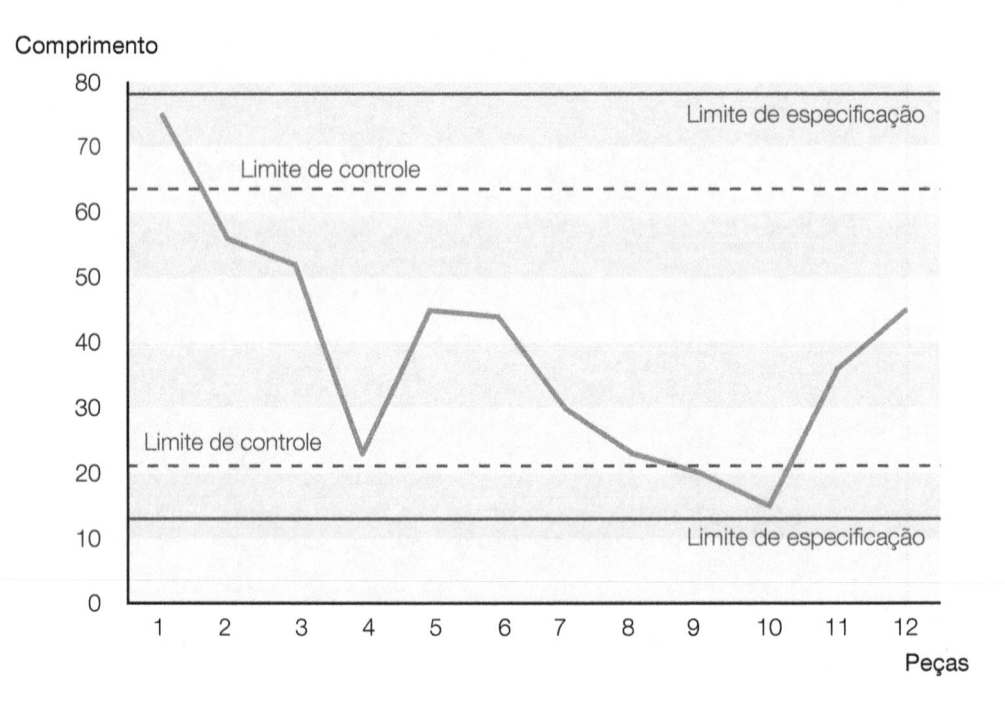

6.9 Gráfico de Gantt

O Gráfico de Gantt descreve um projeto por meio da definição das tarefas cujo desempenho contribui para o cumprimento do que foi planejado. As barras colocadas do lado direito do gráfico representam o progresso esperado de uma atividade e, se for o caso, o que foi executado (Santos, 2011).

Esse gráfico é útil para controlar projetos com poucas atividades. Com base em informações desse tipo, é possível trabalhar na reprogramação ou no nivelamento dos recursos (Gráfico 6.6)

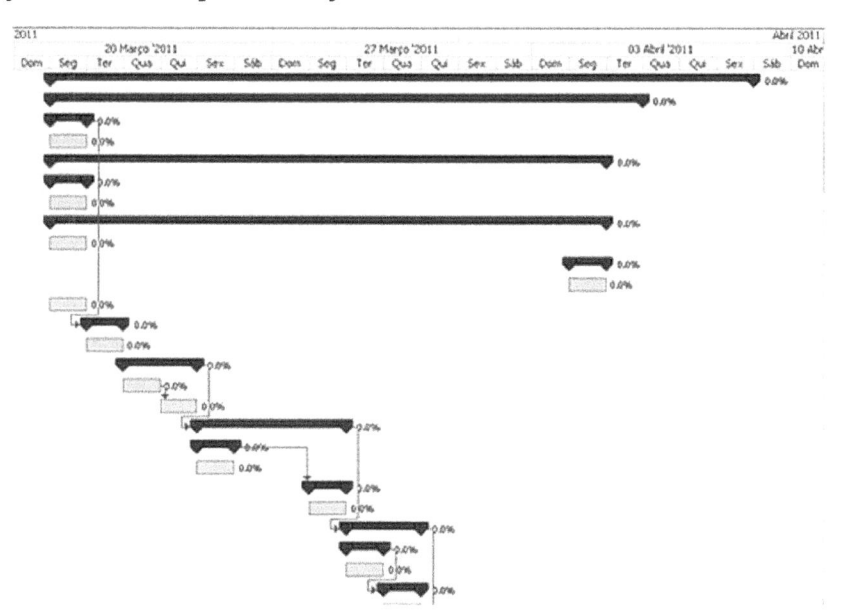

Gráfico 6.6 – Exemplo de Gráfico de Gantt

6.10 A curva S

O progresso de um projeto pode ser expresso em diferentes medidas cumulativas, como total de homens-hora, custo, entre outras. As curvas de progresso são preparadas plotando o progresso alcançado, expresso na unidade de medida escolhida, contra o tempo em uma escala horizontal. O método tradicional de avaliação do desempenho de um projeto é feito por meio da comparação entre o custo real das atividades realizadas e o custo orçado. O problema com a utilização desse método é que ele não considera o progresso real alcançado porque a programação das atividades não é incorporada a esse método. Uma alternativa para o controle dos empreendimentos é o uso da curva de progresso. Essas curvas são comumente chamadas de *curvas S* e constituem-se numa ferramenta importante para a análise de tendências e a tomada de decisão (Castro, 2005).

As curvas S são utilizadas com frequência sobre o gráfico de Gantt do empreendimento, de forma a identificar as atividades envolvidas com o progresso alcançado. A curva de progresso planejado é obtida calculando-se os valores acumulados para os itens de controle adotados em cada unidade de tempo. Durante a realização do projeto, os progressos alcançados vão sendo plotados na curva de progresso real. A posição relativa entre essa curva e a curva de progresso planejado é utilizada para prever a situação do projeto como um todo (Santos, 2011).

Quando a linha do progresso realizado encontra-se sobre ou acima do planejado, a situação de progresso do empreendimento pode ser considerada satisfatória. Entretanto, se a curva de progresso estiver abaixo da curva do que foi planejado, o resultado é considerado insatisfatório, o que exige uma análise das causas responsáveis por esse suposto atraso de execução (Gráfico 6.7).

Gráfico 6.7 – Desenho da curva S padrão

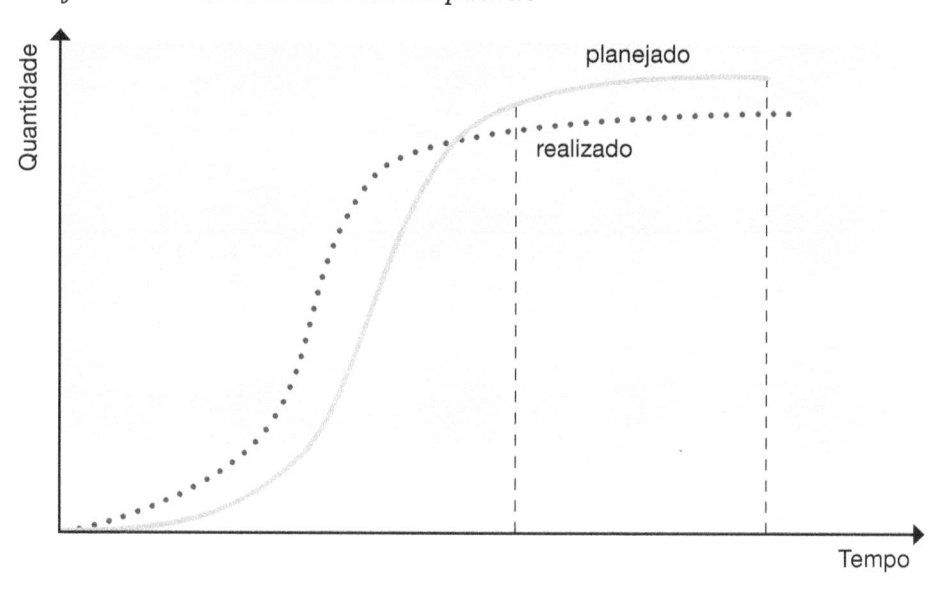

■ Síntese

O acompanhamento e o controle da produção têm função ímpar para alcançar a eficácia do sistema produtivo, pois tudo o que foi planejado deverá ter seus resultados controlados. Para tanto, existem diferentes ferramentas que possibilitam que o gestor visualize o andamento do sistema produtivo, a fim de que possa propor ações de modo a ajustar as atividades que estão fora do que foi planejado.

■ Questões para revisão

1. O Sr. Ludovico pretende construir uma casa em um terreno que possui há vários anos. Como não dispõe de muitos recursos, ele vai coordenar as obras e se responsabilizar pelo orçamento e pelo controle de gastos. Ele preparou um orçamento do material a ser utilizado, com base em informações de seu arquiteto, tendo, inclusive, os nomes dos fornecedores.

   Pela escassez de recursos, decidiu que vai negociar com cada fornecedor para conseguir uma redução de preços. Conversando com o arquiteto, ele foi de opinião de que não haveria necessidade de negociar com todos, pois isso levaria muito tempo, além de dar bastante trabalho, com valores que não representavam muito. Assim, o arquiteto sugeriu que ele negociasse os preços dos materiais que, somados, representariam 80% do valor total da construção, constituindo a maior parte do custo total da obra.

Para isso, era preciso construir uma classificação ABC, partindo da relação de preços do quadro a seguir:

Fornecedor	Material	Preço (R$)
Sabiá dos Metais	Instalação sanitária	8.000,00
Romanino	Tijolo, cimento e areia	12.000,00
Planta Viva	Jardinagem	1.000,00
Klatibim	Azulejos e ladrilhos	2.000,00
Desmonte Ltda.	Alvenaria	42.000,00
Só vidro	Vidros	5.000,00
Telétrica	Material elétrico	1.000,00
Escave	Terraplanagem	98.000,00
Pincelimpo	Pintura	1.000,00
Romanino	Portas e janelas	3.000,00
Olaria Olá	Telhas	20.000,00
Só tubos	Canos e tubulação	4.000,00
Metalúrgica Tico	Grades e portão	2.000,00
Madeira Boa	Assoalho	1.000,00
Total		200.000,00

Sendo assim, responda:

a. Com quais fornecedores o Sr. Ludovico deve negociar os preços?

b. Caso ele consiga uma diminuição de 30% nos preços desses fornecedores, qual é a porcentagem de diminuição dos custos da obra?

c. Trace a curva ABC.

2. Com base na previsão de demanda identificada para a empresa Polindia, trace o histograma e a curva "S".

Jan.	Fev.	Mar.	Abr.	Maio	Jun.	Jul.	Ago.	Set.	Out.
650	320	590	420	360	147	256	325	658	425

3. Quanto ao diagrama de Ishikawa, é **incorreto** afirmar:

a. É conhecido como diagrama de causa e efeito.

b. Tem o objetivo de mostrar todas as possibilidades de causas que podem contribuir com o problema.

c. As causas são ordenadas em diferentes dimensões.

d. Ilustra o plano de ação para resolver o problema.

4. Em relação ao diagrama de Pareto, é correto afirmar:
   a. Os elementos analisados são classificados em ordem decrescente.
   b. A relação de Pareto básica é 80/20.
   c. Mostra a importância de todas as condições analisadas.
   d. É utilizado para identificar os itens de maior custo.

5. Sobre a Curva ABC, é correto afirmar:
   a. Analisa os itens de acordo com a sua importância em relação ao custo.
   b. É baseada no diagrama de Ishikawa.
   c. É bastante utilizada como ficha de controle.
   d. É fundamental dentro do processo produtivo.

Questões para reflexão

1. Qual é a ferramenta que possibilita que o gestor visualize o andamento do projeto como um todo?
2. Qual é a importância da curva ABC para a gestão de materiais?
3. Por que devemos vincular as atividades do Gráfico de Gantt?

[para concluir...]

Fazendo uma análise dos diferentes sistemas de produção apresentados neste livro, podemos afirmar que em todos eles a previsão, o planejamento e o controle da produção têm fundamental importância.

Para simplificar o entendimento do que abordamos aqui, apresentamos, no quadro a seguir, um resumo das principais características dos sistemas de produção estudados.

Quadro 1 – Características dos sistemas de produção

Sistema de produção em massa	Sistema de produção em lotes	Sistema de produção por projetos
Produz para manter os produtos em estoque	Produz para atender à demanda de mercado	Produz sob encomenda
Layout organizado por processo ou por produto	*Layout* em células de produção	*Layout* por produto
Previsões de venda servem tanto para dimensionar o sistema produtivo quanto para programar a produção propriamente dita	As previsões de venda servem para dimensionar o sistema produtivo	As previsões de venda servem para aumentar ou reduzir o ritmo de produção
A operacionalização da produção e feita por sistema MRP II	A operacionalização é realizada pelo *kanban*	A operacionalização é realizada via planejamento *last planner*
Produção em grandes lotes	Produção em pequenos lotes	Produção por encomenda
Ritmo da produção é constante e homogêneo nas seções fixas.	Ritmo da produção é flexível	Ritmo da produção é flexível

(continua)

(Quadro 1 – conclusão)

Sistema de produção em massa	Sistema de produção em lotes	Sistema de produção por projetos
Os estoques tendem a ser altos	Busca-se a eliminação dos estoques	Os estoques servem para atender à demanda prevista
O lote econômico é utilizado para reduzir o custo unitário dos produtos	Compra-se e vende-se somente o que é necessário para a produção dos pedidos firmes	Normalmente as compras são feitas por demanda da produção
Controle estatístico da qualidade	Controle da qualidade total em todas as etapas do processo produtivo	Controle da qualidade na fase de utilização
A manutenção preventiva e corretiva é centralizada	A manutenção é descentralizada e, sempre que possível, deve ser do tipo preventiva	A manutenção é corretiva e normalmente centralizada
O controle da produção é realizado sobre dados de produtividade	O controle da produção é realizado para atingir a meta, que é aumentar o ganho	O controle da produção é realizado sobre dados de medição
A produção é "empurrada"	A produção é "puxada"	A produção é sob encomenda
O ritmo da produção é dado pela previsão de demanda	O ritmo da produção é dado pelo mercado, com a restrição da operação gargalo.	O ritmo da produção é dado pelo tempo de entrega

Com base em uma experiência de vinte anos realizando trabalhos com indústrias, percebo que atualmente é difícil encontrar sistemas de produção puros, isto é, que estão estruturados unicamente com base nos princípios de um sistema produtivo. O que encontramos no mercado em geral são sistemas híbridos, isto é, aqueles que contemplam mais de uma lógica, como se fosse uma tentativa de utilizar o que melhor possui cada uma dessas técnicas, em função da diversificação e das peculiaridades de cada processo produtivo. Dessa forma, tem sido utilizado pelas empresas um híbrido do MRP II com o sistema de produção em lotes, em que o MRP II contempla a estrutura de planejamento estratégico e tático, e a produção em lotes é utilizada para o planejamento operacional. Também podemos encontrar o sistema *kanban* dentro do sistema de produção por projetos.

Por outro lado, com o uso do *kanban*, a produção em lotes se aplica de forma abrangente em empresas de produção seriada. Assim se apresentam os requisitos para a integração JIT/MRP II: adequação cultural da empresa para com os novos paradigmas; adequação do sistema de informação; adequação do processo produtivo, do planejamento e do controle; implementação gradual; identificação de quais elementos realmente irão agregar valor ao processo produtivo; revisão dos parâmetros técnicos.

As pesquisas realizadas com os *softwares* MRP II disponíveis no Brasil revelaram que eles apresentam bons resultados com as soluções híbridas de produção em lotes, MRP II e ERP.

Cada sistema possui características intrínsecas necessárias para o seu funcionamento. Não defendo um ou outro sistema, mas afirmo que a escolha do sistema produtivo e de suas ferramentas de planejamento e controle dependem diretamente do comportamento da demanda e de como cada empresa está estruturada.

[referências]

ANTUNES JUNIOR, J. A. V.; KLIEMANN NETO, F. J.; FENSTERSEIFER, J. E. Considerações críticas sobre a evolução das filosofias de administração de produção: do "just in case" ao "just in time". **Revista de Administração de Empresas**, São Paulo, v. 29, n. 3, p. 49-64, jul./set. 1989. Disponível em: <http://www.lume.ufrgs.br/bitstream/handle/10183/19221/000008854.pdf?sequence=1>. Acesso em: 30 maio 2015.

ARNOLD, J. R. T. **Administração de materiais**. Tradução de Celso Rimoli e Lenita R. Esteves. 3. ed. São Paulo: Atlas, 1999.

BALLARD, G. **Lookahead Planning**: the Missing Link in Production Control. California, USA: University of California at Berkeley, 1997. Disponível em: <http://www.iglc.net/papers/details/17>. Acesso em: 30 maio 2015.

BALLARD, G.; HOWELL, G. **Shielding Production**: an Essential Step in Production Control. California, USA: University of California at Berkeley, 1997. Disponível em: <http://web.stanford.edu/class/cee320/CEE320B/ShieldingProduction.PDF>. Acesso em: 30 maio 2015.

BERNARDES, M. M. S. **Método de análise do processo de planejamento da produção de empresas construtoras através do estudo do seu fluxo de informação**: proposta baseada em estudo de caso. 141 f. Dissertação (Mestrado em Engenharia Civil) – Programa de Pós-Graduação em Engenharia Civil da Universidade Federal do Rio Grande do Sul, Porto Alegre, 1996. Disponível em: <http://www.lume.ufrgs.br/handle/10183/28123>. Acesso em: 30 maio 2015.

BURT, D. N.; PINKERTON, R. L. (Ed.). **A Purchasing Manager's Guide to Strategic Proactive Procurement**. New York: Amacom – American Management Association, 1996.

CASAROTTO FILHO, N.; FÁVERO, J. S.; CASTRO, J. E. E. **Gerência de projetos/ engenharia simultânea**. São Paulo: Atlas, 1999.

CASTRO, S. W. A. de. Falso controle de projeto: como evitar. **Revista Mundo PM**, 2005. Disponível em: <http://www.mundopm.com.br/download/falso_controle.pdf>. Acesso em: 30 maio 2015.

CAUDURO, V. D.; ZUCATTO, L. C. Proposição de lote econômico como estratégia de compra para farmácia hospitalar municipal. **Revista ConTexto**, Porto Alegre, v. 11, n. 20, p. 73-84, 2. sem. 2011.

CORRÊA, H. L.; GIANESI, I. G. N. **Just in time, MRP II e OPT**: um enfoque estratégico. 2. ed. São Paulo: Atlas. 1993.

CORRÊA, H. L.; GIANESI, I. G. N.; CAON, M. **Planejamento, Programação e Controle da Produção**: MRP II/ERP. São Paulo: Atlas, 1997.

CUKIERMAN, Z. S. **Planejando para o futuro**: o modelo Pert-CPM aplicado a projetos. 6. ed. Rio de Janeiro: Qualitymark, 1998.

DEMING, W. E. **Qualidade**: a revolução da administração. Tradução de Clave Comunicação de Recursos Humanos. São Paulo: Marques Saraiva, 1990.

DENNIS, P. **Produção lean simplificada**: um guia para entender o sistema de produção mais poderoso do mundo. 2. ed. Porto Alegre: Bookman, 2007.

DESENHO de Célula de Produção. **Takt Consultoria Lean**. 7 jan. 2010. Disponível em: <http://takttime.net/artigos-lean-manufacturing/jit-lean-manufacturing/desenho-de-celula-de-producao>. Acesso em: 13 jul. 2015.

DIAS, M. A. P. **Administração de materiais**: princípios, conceitos e gestão. 4. ed. São Paulo: Atlas, 2000.

DUMOND, E. J. Applying Value-based Management to Procurement. **International Journal of Physical Distribuition & Logistics Management**, England, v. 26, n. 1, p. 5-24, 1996.

FIGUEIREDO, F. C.; FIGUEIREDO, H. C. M. **MS Project 98**: utilização na gerência de projetos. Rio de Janeiro: Infobook, 1999.

FUJIMOTO, T. **The Evolution of a Manufacturing System at Toyota**. Oxford: Oxford University Press, 1999.

GARNIER, D. G. **Guia prático para gerenciamento de projetos**: manual de sobrevivência para os profissionais de projetos. São Paulo: Instituto Iman, 2000.

GEHBAUER, F. et al. **Planejamento e gestão de obras**: um resultado prático da cooperação técnica Brasil-Alemanha. Curitiba: Cefet-PR, 2002.

GHINATO, P. **Produção e competitividade**: aplicações e inovações. Recife: Ed. da UFPE, 2000.

GOLDRATT, E. M.; COX, J. **A meta**: um processo de melhoria contínua. São Paulo: Nobel, 2003.

HEINECK, L. F. M. Aplicação do sistema *kanban* no transporte de materiais na construção civil. In: ENCONTRO NACIONAL DE ENGENHARIA DE PRODUÇÃO, 24., 2004, Florianópolis. **Anais**... Florianópolis: Engep, 2004. Disponível em: <http://www.repositorio.ufc.br/handle/riufc/7658>. Acesso em: 30 maio 2015.

_____. Estratégias de produção na construção de edifícios. In: CONGRESSO TÉCNICO-CIENTÍFICO DE ENGENHARIA CIVIL, 1996, Florianópolis. **Anais**... Florianópolis: [s.n.], v. 1, p. 93-100, 1996.

HERBIG, P.; O'HARA, B. International Procurement Practices: a Matter of Relationships. **Management Decision**, England, MCB University Press, v. 34, n. 4, p. 41-45, 1996.

KRAJEWSKI, L.; RITZMAN, L.; MALHOTRA, M. **Administração de produção e operações**. 8. ed. São Paulo: Pearson Prentice Hall, 2009.

LAMBERTS, R. Viabilidade da aplicação do planejamento e do orçamento executivo na indústria da construção civil. In: ENTAC – ENCONTRO NACIONAL DE TECNOLOGIA DO AMBIENTE CONSTRUÍDO, 9., Foz do Iguaçu. **Anais**... Foz do Iguaçu: Entac, 2002.

LAUDON, K. C.; LAUDON, J. P. **Sistemas de informação**: com internet. 4. ed. Rio de Janeiro: LTC, 1999.

LAUFER, A.; TUCKER. R. L. Is Construction Planning Really Doing its Job? A Critical Examination of Focus, Role and Process. **Construction Management and Economies**, London, v. 5, n. 3, may 1987.

LIMMER, C. V. **Planejamento, orçamentação e controle de projetos e obras**. Rio de Janeiro: Livros Técnicos e Científicos, 1997.

LUSTOSA, L.; NANCI, L. C. Planejamento agregado e planejamento mestre da produção. In: LUSTOSA, L. et al. (Org.). **Planejamento e controle da produção**. Rio de Janeiro: Elsevier, 2008.

MARTINS, P. G.; LAUGENI, F. P. **Administração da produção**. São Paulo: Saraiva, 2005.

MEDEIROS, F. S. B.; BIANCHI, R. C. A aplicação do método regressão linear simples na demanda de produtos sazonais: um estudo de caso. **Revista Disciplinarum Scientia**, Série Ciências Sociais Aplicadas, Santa Maria, v. 5, n. 1, p. 35-53, 2009.

MENDES JUNIOR, R. **Programação da produção na construção de edifícios de múltiplos pavimentos**. 196 f. Tese (Doutorado em Engenharia de Produção) – Programa de Pós-Graduação em Engenharia de Produção da Universidade Federal de Santa Catarina, Florianópolis, 1999. Disponível em: <http://www.cesec.ufpr.br/docente/mendesjr/tese/mendesjrtese.pdf>. Acesso em: 30 maio 2015.

MENDES JUNIOR, R.; VARGAS, C. L. S. **Programação de obras com a técnica de linha de balanço**. Curitiba, 1999. Apostila (Programação de Obras) – Curso de Especialização de Engenharia Civil – Construção Civil, Universidade Federal do Paraná.

MILES, R.; BALLARD, G. Contracting for Lean Performance: Contracts and the Lean Construction Team. In: TUCKER, S. N. ANNUAL CONFERENCE OF THE INTERNATIONAL GROUP FOR LEAN CONSTRUCTION, 5., Gold Coast, Australia, 16-17 jul. 1997. p. 103-113. Disponível em: <http://www.iglc.net/papers/details/29>. Acesso em: 30 maio 2015.

MUNARETTO, L. F.; CORREA, H. L.; CUNHA, J. A. C. da. Um estudo sobre as características do método Delphi e de grupo focal como técnicas na obtenção de dados em pesquisas exploratórias. **Revista Administração UFSM**, Santa Maria, v. 6, n. 1, p. 9-24, jan./mar. 2013.

OHNO, T. **Sistema Toyota de Produção**: além da produção em larga escala. Porto Alegre: Bookman, 1997.

_____. **Toyota Production System**. Cambrige: Production System, 1988.

OLIVEIRA, J. S. P. et al. **Introdução ao método Delphi**. Curitiba: Mundo Material, 2008.

PMI – Project Management Institute. **A Guide to the Project Management Body of Knowledge**. Newtown Square, Pennsylvania: Project Management Institute, 2000. Disponível em: <http://www.cs.bilkent.edu.tr/~cagatay/cs413/PMBOK.pdf>. Acesso em: 30 maio 2015.

_____. **A Guide to the Project Management Body of Knowledge (PMBOK)**. Newtown Square, Pennsylvania: Project Management Institute, 1996. Disponível em:

<http://www2.fiit.stuba.sk/~bielik/courses/msi-slov/reporty/pmbok.pdf>. Acesso em: 30 maio 2015.

PORTER, M. E. **Estratégia competitiva**: técnicas para análise de indústrias e da concorrência. 7. ed. Rio de janeiro: Campos, 1991.

PRADO, D. S. **Gerência de projetos em tecnologia da informação**. Minas Gerais: Editora de Desenvolvimento Gerencial, 1999. v. 5.

_____. **Planejamento e controle de projeto**. Minas Gerais: Editora de Desenvolvimento Gerencial, 1998.

SANTOS, A. P. L. **Introdução à Engenharia de Produção**. Curitiba: Gesit, 2011.

_____. **Modelo Procompras**: formulação, implantação e avaliação da compra pró-ativa na construção de edifícios. Tese (Doutorado em Engenharia Civil) – Programa de Pós-Graduação em Engenharia Civil, Florianópolis, 2006. Disponível em: <https://repositorio.ufsc.br/handle/123456789/89136>. Acesso em: 30 maio 2015.

SANTOS, A. P. L.; JUNGLES, E. **Como gerenciar compras na construção civil**: diretrizes para implantação da compra pró-ativa. São Paulo: Pini, 2008.

SANTOS, A. P. L.; MENDES JUNIOR, R. Planejando um conjunto de 77 sobrados com a linha de balanço em conjunto com o lastplanner e o lookahead. In: SIMPÓSIO BRASILEIRO DE GESTÃO DA QUALIDADE E ORGANIZAÇÃO DO TRABALHO NO AMBIENTE CONSTRUÍDO, 2., 2001, Fortaleza. **Anais**... Fortaleza: Sibragec, 2001.

SELEME, R.; STADLER, H. **Controle da qualidade**: as ferramentas essenciais. Curitiba: Ibpex, 2010.

SEVERO FILHO, J. **Administração de logística integrada**: materiais, PCP e marketing. 2. ed. Rio de Janeiro: E-papers, 2006.

SHAPIRA, A.; LAUFER, A. Evolution of Involvement and Effort in Construction Planning Throughout Project Life. **International Journal of Project Management**, New York, v. 11, n. 3, p. 155, August, 1993.

SHINGO, S. **Sistema de produção com estoque zero**. São Paulo: Artes Médicas Sul, 1996.

SLACK, N. **Vantagem competitiva em manufatura**. São Paulo: Atlas, 1993.

SLACK, N. et al. **Administração da produção**. São Paulo: Atlas, 1999.

STAIR, R. M. **Princípios de sistemas de informação**: uma abordagem gerencial. 2. ed. Rio de Janeiro: LTC, 1998.

STUKHART, G. **Construction Materials Management**. New York: Marcel Dekker Inc., 1995.

TORRES JUNIOR, A. S. Processo decisório na Toyota: mostra a importância do nemawashi e do A3 no processo de decisão na Toyota. **Lean Institute Brasil**, 2008. Disponível em: <http://www.lean.org.br/artigos/39/processo-decisorio-na-toyota.aspx>. Acesso em: 30 maio 2015.

_____. **Manual de planejamento e controle da produção**. São Paulo: Atlas, 1997.

TUBINO, D. F. **Planejamento e controle da produção**: teoria e prática. 2. ed. São Paulo: Atlas, 2009.

VARGAS, C. L. S. et al. **Aplicação da técnica de linha de balanço em edifício alto com a utilização de programa de computador de gerenciamento de projetos**: estudo de caso. Florianópolis, 1996. Trabalho Acadêmico (Planejamento e Controle de Obras) – Universidade Federal de Santa Catarina.

VARGAS, R. V. **Gerenciamento de projetos**: estabelecendo diferenciais competitivos. Rio de Janeiro: Brasport, 2000.

WHEELWRIGHT, S. C. Manufacturing Strategy: Defining the Missing Link. **Strategic Management Journal**, v. 5, n. 1, p. 77-91, jan./mar. 1984.

WILLE, S. **Meu projeto pessoal**: um guia para a realização dos seus sonhos. Curitiba: Mundo Material, 2006.

WOMACK, J. P.; JONES, D. T.; ROOS, D. **A máquina que mudou o mundo**. Rio de Janeiro: Campus, 1992.

[respostas]

Capítulo 1

■ Questões para revisão

1.
   a. O planejamento de uma edificação estaria no planejamento de médio prazo (tático), porque é necessário realizar o planejamento executivo do empreendimento.
   b. Sistema de produção empurrado.
   c. Investir na fase de projetos e especificações do empreendimento para possibilitar o correto desenvolvimento do planejamento.

2. Realizamos o planejamento com a finalidade de prever as ações no futuro e para podermos estudar diferentes cenários. Com o planejamento, podemos controlar o processo produtivo e identificar pontos de ajustes.

3. Verdadeiro.

4. Verdadeiro.

5. Falso. As ferramentas de planejamento e controle facilitam a comunicação entre os agentes envolvidos em um projeto.

Capítulo 2

■ Questões para revisão

1. Previsão de demanda para o mês 9: 189,33 = 190 unidades.

2. Quadro de apoio

x	y	x·y	x²	y²
1	540	540	1	291.600
2	555	1.110	4	308.025
3	563	1.689	9	316.969
4	572	2.288	16	327.184
5	589	2.945	25	346.921
6	602	3.612	36	362.404
21	3.421	12.184	91	1.953.103

a. Equação da reta

$y = a + bx$

$$E = \frac{\sum xy - (n \cdot \bar{x} \cdot \bar{y})}{\sum x^2 - [n(\bar{x})^2]}$$

$$b = \frac{12184 - (6 \cdot 3,5 \cdot 570,17)}{91 - [6(3,5)^2]} = 12,02$$

$y = a + bx$

$570,17 = a + 12,02 \cdot 3,5$

$a = 528,10$

b. Coeficiente de correlação

Usando a fórmula $r = \dfrac{\sum (x - \bar{x}) \cdot (y - \bar{y})}{\sqrt{\sum (x - \bar{x})^2 \cdot \sum (y - \bar{y})^2}} = 0,9939$

c. Previsão para os meses de janeiro, fevereiro e março

Agora, substituindo os valores de "a" e "b" na equação da reta, podemos calcular "y" substituindo "x" pelos meses correspondentes.

$y = a + bx$

$y_{jan} = 528,10 + 12,02 \cdot 7 = 612,24$

$y_{fev} = 528,10 + 12,02 \cdot 8 = 624,26$

$y_{mar} = 528,10 + 12,02 \cdot 9 = 636,28$

$y_{abr} = 528,10 + 12,02 \cdot 10 = 648,30$

$y_{mai} = 528,10 + 12,02 \cdot 11 = 660,32$

Consumo real

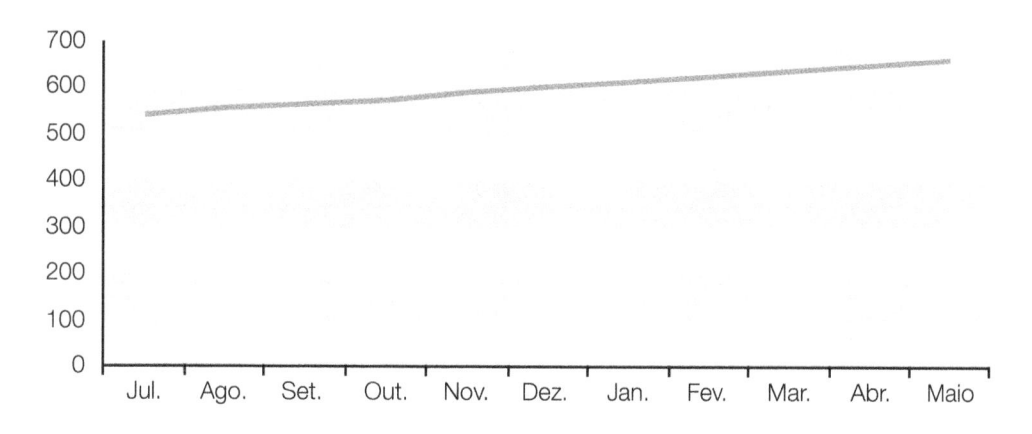

3. d

4. c

5. a

Capítulo 3

■ Questões para revisão

1. b

2. d

3. b

4. Situação da Brafet:

Mês	Demanda	EI	Produção	Estoque final
Jan.	2500	20	1193	−1287
Fev.	1800	−1287	1193	−1894
Mar.	1200	−1894	1193	−1901
Abr.	700	−1901	1193	−1408
Maio	650	−1408	1193	−865
Jun.	620	−865	1193	−292
Jul.	800	−292	1193	101

1ª alternativa

Mês	Demanda	EI	Produção	Estoque	Terceiros	Estoque Final
Jan.	2.500	20	1.193	−1.287	1.287	0
Fev.	1.800	0	1.193	−607	607	0
Mar.	1.200	0	1.193	−7	7	0
Abr.	700	0	1.193	493		493
Maio	650	493	1.193	1.036		1.036
Jun.	620	1.036	1.193	1.609		1.609
Jul.	800	1.609	1.193	2.002		2.002

2ª alternativa

Mês	Demanda	EI	Produção	Estoque
Jan.	2.500	1.921	1.193	614
Fev.	1.800	614	1.193	7
Mar.	1.200	7	1.193	0
Abr.	700	0	1.193	493
Maio	650	493	1.193	1.036
Jun.	620	1.036	1.193	1.609
Jul.	800	1.609	1.193	2.002

5. A partir do pedido de 50 unidades, as quantidades de material e mão de obra ficariam de acordo com a planilha a seguir. A semana de início e término de cada sub-produto também estão apresentadas na planilha. Lembre-se que precisamos usar a árvore do produto para identificar as precedências entre cada um dos elementos da árvore.

Demanda	50				
	Quantidade		Tempo		
	material	mão de obra	semanas	início	término
A	50	10	1	4	5
B	100	3	2	2	4
C	50	3	1	3	4
D	200	16	1	1	2
E	100	7	2	0	2
F	150	45	3	0	3
G	100	50	2	1	3
Total		134			5

A figura a seguir ilustra a árvore do produto com as quantidades de materiais e mão de obra calculados para o pedido de 50 unidades, bem como o tempo necessário para fabricação de cada sub produto.

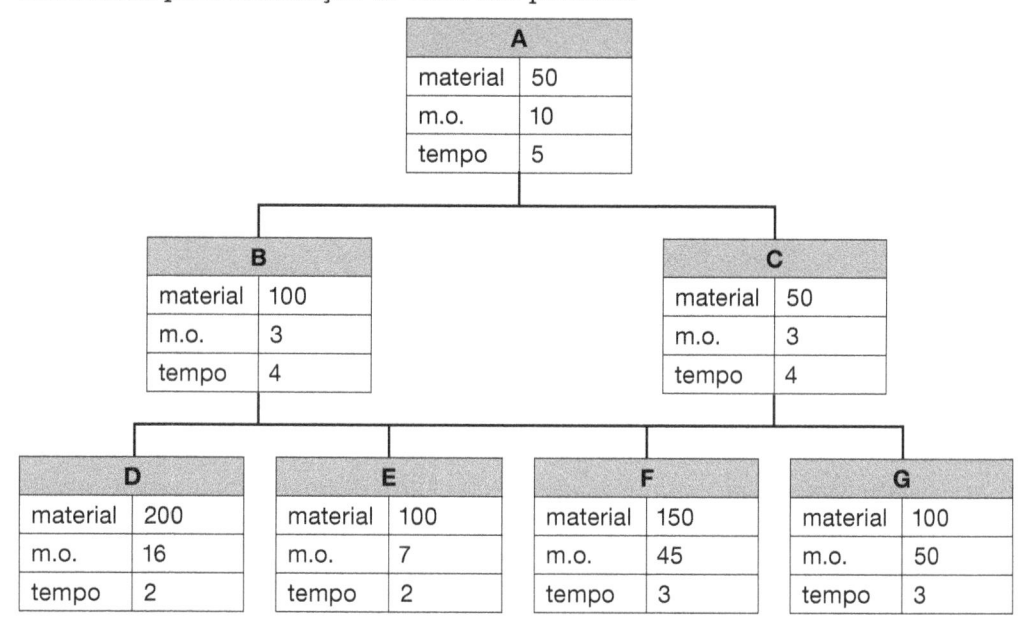

A	
material	50
m.o.	10
tempo	5

B	
material	100
m.o.	3
tempo	4

C	
material	50
m.o.	3
tempo	4

D	
material	200
m.o.	16
tempo	2

E	
material	100
m.o.	7
tempo	2

F	
material	150
m.o.	45
tempo	3

G	
material	100
m.o.	50
tempo	3

A figura a seguir ilustra o planejamento do tempo de cada um dos subprodutos da árvore do produto, para atender a demanda de 50 unidades. Dessa forma, podemos perceber que, para iniciar a produção do subproduto B, é necessário que os elementos D e E estejam prontos. Para iniciar a produção do elemento C, os subprodutos F e G precisam estar prontos. Para iniciar a produção de A, os elementos B e C devem estar prontos.

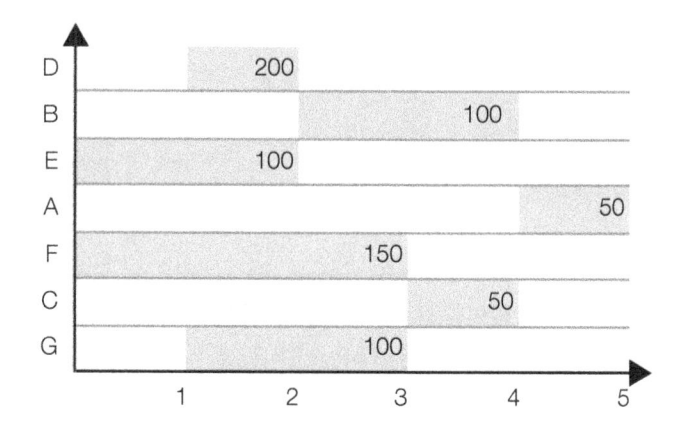

Capítulo 4

■ Questões para revisão

1. V, V, V, V, F, F, F.

2. O gargalo é o departamento 3.

3. A capacidade do sistema é de 33.764 unidades.

   D1 = 453 · 7 · (44 − 10%) = 125.572 un
   D2 = 233 · 4 · (44 − 15%) = 34.856,80 un
   D3 = 872 · 1 (44 − 12%) = 33.763,84 un

4. a

5. a) e b) Como no JIT a produção pode variar ao longo do tempo, já que o sistema deve ser apto para atender às flutuações de demanda, a necessidade de produção mensal será prevista para atender a demanda e as necessidades de estoques, quando assim for solicitado. A planilha a seguir mostra a necessidade de produção de cada mês, bem como os seus estoques.

Mês	Demanda	EI	Produção	Estoque final
Jul.	360	10	350	0
Ago.	1.020	0	1.020	0
Set.	1.700	0	1.700	0
Out.	400	0	400	0
Nov.	300	0	300	0
Dez.	100	0	105	5

   c) Não surgiram estoques negativos.

Capítulo 5

■ Questões para revisão

1. F, V, F, F, V.

2. É a diferença entre os tempos finais das atividades. A folga serve para suprir a eventual necessidade de tempo entre as atividades sem comprometer o prazo de término de o projeto.

3. Se os objetivos e a estratégia de execução não forem bem elaborados, existe grande probabilidade de o projeto fracassar.

4. A linha de balanceamento serve para planejar unidades repetidas na dimensão de longo prazo.

5. d

Capítulo 6

■ Questões para revisão

1.
   a. O Sr. Ludovico deve negociar os preços com as empresas Escave, Demonte e Olaria Olá.
   b. A redução será de 24%.

	Fornecedor	Serviço	Preço (R$)	Preço acumulado (R$)	Acumulado (%)	Classificação
A					0	
B	Escave	Terraplanagem	98.000	98.000	49	A
C	Desmonte Ltda	Alvenaria	42.000	140.000	70	A
D	Olaria Olá	Telhas	20.000	160.000	80	A
E	Romanino	Tijolo, cimento e areia	12.000	172.000	86	B
F	Sabiá dos metais	Instalação sanitária	8.000	180.000	90	B
G	Sóvidro	Vidros	5.000	185.000	93	B
H	Sótubos	Canos e tubulação	4.000	189.000	95	B
I	Romanino	Portas e janelas	3.000	192.000	96	C
J	Klatibum	Azulejos e ladrilhos	2.000	194.000	97	C
K	Metalúrgica Tico	Grades e portão	2.000	196.000	98	C
L	Planta viva	Jardinagem	1.000	197.000	98,5	C
M	Telétrica	Material elétrico	1.000	198.000	99	C
N	Pincelimpo	Pintura	1.000	199.000	99,5	C
O	Madeira boa	Assoalho	1.000	200.000	100	C
	Total			200.000		

	Preço atual (R$)	30%	Preço final (R$)	Redução
B	98.000	29.400	68.600	
C	42.000	12.600	29.400	
D	20.000	6.000	14.000	
	160.000		112.000	48.000
				24%

c.

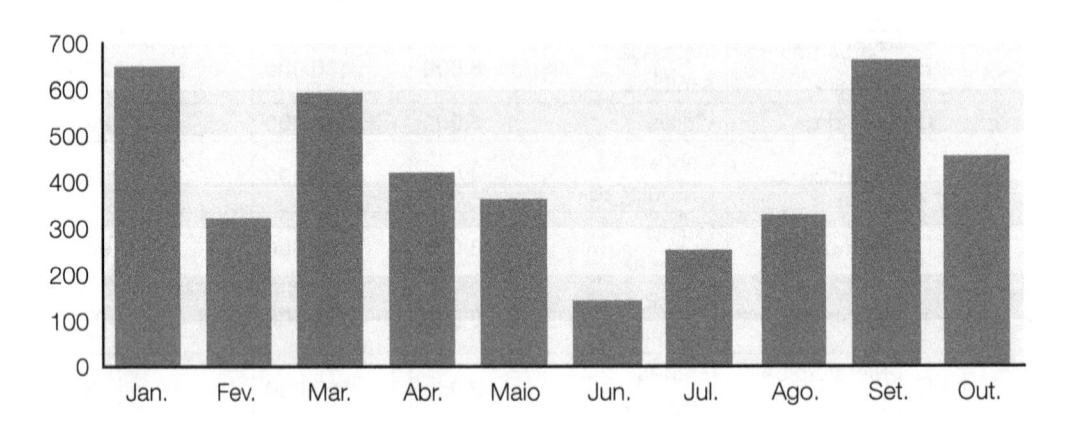

2.

Histograma

Curva S

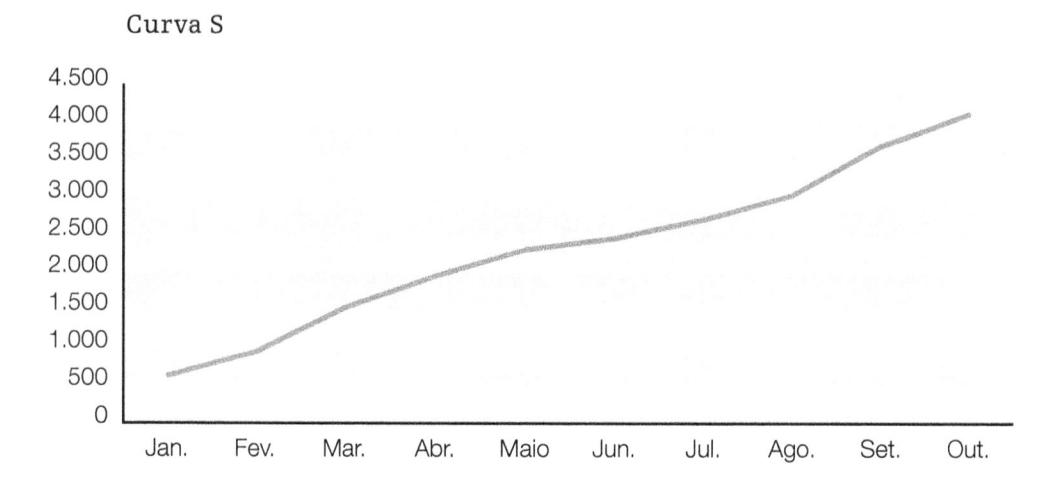

3. d

4. b

5. a

[anexo]

Figura 1 – Lista das atividades

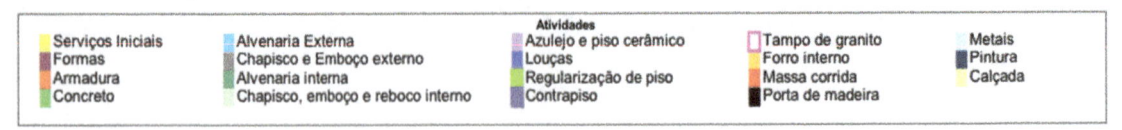

Atividades

- Serviços Iniciais
- Formas
- Armadura
- Concreto
- Alvenaria Externa
- Chapisco e Emboço externo
- Alvenaria interna
- Chapisco, emboço e reboco interno
- Azulejo e piso cerâmico
- Louças
- Regularização de piso
- Contrapiso
- Tampo de granito
- Forro interno
- Massa corrida
- Porta de madeira
- Metais
- Pintura
- Calçada

Fonte: Santos; Mendes Junior, 2001.

Figura 2 – Gráfico da linha de balanceamento

Fonte: Santos; Mendes Junior, 2001.

[sobre a autora]

Dedicada à área de engenharia há mais de 20 anos, **Adriana de Paula Lacerda Santos** tem mestrado em Construção Civil (2002) pela Universidade Federal do Paraná (UFPR) e doutorado em Engenharia Civil (2006) pela Universidade Federal de Santa Catarina (UFSC). Atualmente, é professora adjunta do curso de Engenharia de Produção da UFPR, além de professora do Programa de Pós-Graduação em Engenharia de Produção e do Programa de Pós-Graduação em Engenharia de Construção Civil nessa mesma instituição. É bolsista de produtividade em Desenvolvimento Tecnológico e líder do Grupo de Estudos em Inovação Tecnológica (Gesit). Atua na área de engenharia de produção e engenharia civil, com foco em engenharia de produto e gestão de processos industriais, concentrando-se principalmente nas questões de planejamento e controle da produção, empreendedorismo e inovação tecnológica.

Os papéis utilizados neste livro, certificados por instituições ambientais competentes, são recicláveis, provenientes de fontes renováveis e, portanto, um meio **respons**ável e natural de informação e conhecimento.

FSC® C103535 — MISTO — Papel | Apoiando o manejo florestal responsável

Impressão: Reproset